DIE BEHANDLUNG

DER

AUSSTEUER UND DES AUSSTEUERANSPRUCHS

IM BÜRGERLICHEN GESETZBUCH

VON

DR. IUR. ALEXANDER STARKE

LEIPZIG
VERLAG VON VEIT & COMP.
1905

Leipziger juristische Inauguraldissertation.

Druck von Metzger & Wittig in Leipzig.

Inhalt.

§ 1.

Einleitung.

I. Schon das Römische Recht berücksichtigte die wirtschaftliche Seite der Ehe durch Anerkennung der Dotierungspflicht bestimmter Verwandter gegenüber der sich verheiratenden Tochter. Als dos wurde im Römischen Rechte das von der Frau (oder für sie von einem Dritten) dem Manne, der die Kosten des Hausstands zu tragen hatte, als Beitrag zur Bestreitung der ehelichen Lasten zugewendete und von dem Manne der Frau nach Beendigung der Ehe grundsätzlich zurückzuerstattende Vermögen bezeichnet. Die Gegenstände der dos waren mannigfaltig, dos konnte alles sein, was Vermögenswert hatte und übertragbar war, sowohl körperliche Sachen als auch obligatorische und dingliche Rechte aller Art. Zur dos gehörten also nicht nur Gegenstände der häuslichen Einrichtung (Aussteuer im heutigen Sinne), sondern vor allem Kapitalien, Grundstücke, Renten usw., Vermögensstücke, die heute nur als Heiratsgut (Ausstattung, Brautschatz usw.) zugewendet werden. Das Charakteristische der dos war, daß sie ihrer Zweckbestimmung nach dem Ehemanne bestellt wurde. Bestellt wurde die dos entweder von der Frau selbst, der zur Dotierung eine allerdings nur moralische Verpflichtung oblag, oder von einem Dritten (dos adventicia), meist wurde die dos jedoch vom Vater der Frau bestellt (dos profecticia). Gegen den Vater und den väterlichen Großvater, unter Umständen auch gegen die Mutter hatte die Tochter, vorausgesetzt, daß sie nicht genügend eignes Vermögen besaß, einen klagbaren Anspruch auf Bestellung einer dos an den Mann, nicht an sich. Der Mann erwarb an den Dotalsachen alle Rechte, er wurde insbesondere Eigentümer der zur dos gehörigen körperlichen Sachen und zog die Nutzungen der Dotalsachen. Er hatte jedoch die Verpflichtung, nach Aufhebung der Ehe die dos der Frau, eventuell ihren Erben oder ihrem Vater oder endlich dem dritten Besteller (dos recepticia) zu restituieren.

Im Gemeinen Rechte nahm die dos dieselbe Stellung ein. Bei der Rezeption des Römischen Rechts in Deutschland fand sich in den Landesrechten schon ein entwickeltes Aussteuerrecht vor. Auf die weitere Entwickelung dieses Aussteuerrechts war von Einfluß, daß das Römische Recht eine klagbare Verpflichtung des Vaters und der Mutter zur Bestellung einer dos für die Tochter kannte. Dieser Pflichtcharakter wurde auf das Aussteuerinstitut übertragen. Dagegen blieb die deutschrechtliche Entwickelung des Aussteuerinstituts von der Rezeption des Römischen Rechts im übrigen unberührt. Schon die wenigen Angaben über das Römische Recht zeigen, daß das heutige Aussteuerrecht nicht das Römische Recht zur Grundlage haben kann. So ähnlich auch die Aussteuer, äußerlich betrachtet, der römischen dos sein mag, der Grundgedanke des Instituts ist ein von dem des Römischen Rechts durchaus verschiedener.

II. Das Institut der Aussteuer läßt sich im Deutschen Rechte bis in die ältesten Zeiten zurückverfolgen. Tacitus überliefert uns in seiner Germania (cap. 18) mit dem Satze: ipsa (nämlich uxor) viro armorum aliquid affert die Sitte der Germanen, bei Eingehung der Ehe der Frau eine Aussteuer mitzugeben (Heusler II S. 293). Die Volksrechte kannten schon allgemein einen Anspruch der sich verheiratenden Tochter auf Aussteuer, deren Gewährung sich als Erbabfindung aus dem elterlichen Vermögen charakterisierte. Da in der ältern Zeit die Frau vom Eigentum und somit auch vom Erbrecht an Liegenschaften ausgeschlossen war, konnte die Aussteuer nur aus Fahrnis bestehen. Sie umfaßte dasjenige, was die Frau zur Begründung der Wirtschaft in die Ehe mitbringen mußte, vor allem also die Haushaltungsgegenstände, dann aber auch die Ausrüstung der Frau selbst an Kleidung und Schmuck (Schröder S. 304, Stobbe IV § 322). Im alten Sachsenrechte tritt die Aussteuer als sog. gerade auf, die eine Erbabfindung aus dem Mobiliarvermögen des elterlichen Hauses darstellt. Vermutlich hat schon damals eine Rechtspflicht des Vaters oder Bruders zur Aussteuerung der Tochter oder Schwester bestanden. Das Deutsche Recht gab also der Frau einen Anspruch auf Gewährung der zur Hauseinrichtung erforderlichen Gegenstände an die Frau persönlich.

Als im Mittelalter die Frau in erbrechtlicher Beziehung dem Manne allmählich gleichgestellt wurde, dehnte man das Erbrecht der Frau auch auf Liegenschaften aus. Die Aussteuer war jetzt nicht mehr Erbabfindung und das Erbrecht der Tochter blieb durch die Aussteuerung unberührt. Dagegen büßte die Tochter den rechtlich erzwingbaren Anspruch auf die Gewährung der Aussteuer ein; wenigstens geben die Quellen keinen Anhalt dafür, daß ein solcher Anspruch noch bestanden habe. Nach dem Sachsenspiegel ist die Aussteuer eine freiwillige Gabe (Heusler II S. 367 ff.). Die Aussteuerung der sich verheiratenden Tochter entsprach jedoch auch in dieser Zeit einer allgemeinen in ganz Deutschland verbreiteten Sitte. Der Umfang der Aussteuer wurde erweitert, die Aussteuer umfaßte bei den Vermögenderen zuweilen auch Liegenschaften. Den Hauptgegenstand bildete jedoch immer die Fahrnis, besonders die Hausratsgegenstände, Geld und Renten. Nach dem Sachsenspiegel besteht die gerade aus dem, was die Braut von ihrem Gewalthaber bei Eingehung der Ehe gewöhnlich erhält, also aus den zur Einrichtung des Haushalts und zum persönlichen Gebrauche der Frau bestimmten Gegenständen. Sie verbleibt im Fall der Auflösung der Ehe der Frau (witwen gerade), im Falle des Todes der Frau geht sie auf die nächste weibliche Verwandte der Frau über (niftel gerade).

Dies war das Ergebnis der Rechtsentwickelung zur Zeit der Rezeption des Römischen Rechts. Wie schon erwähnt, blieb das Deutsche Recht im großen und ganzen von der Rezeption unberührt, insbesondere blieb der Zweck der Aussteuer im wesentlichen die Einrichtung des neu gegründeten Hausstandes, das fremde Recht machte jedoch seinen Einfluß insoweit geltend, als die im Römischen Rechte bestehende Rechtsverpflichtung zur Dotierung der Tochter partikularrechtlich auf das Institut der Aussteuer übertragen wurde. Nur in einer der wichtigeren Kodifikationen, dem Österreichischen Bürgerlichen Gesetzbuche gewann die römische Dotallehre das Übergewicht über das Deutsche Recht. Das österreichische Gesetzbuch spricht nur von sog. Heiratsgut, nicht von der Aussteuer im Sinne des Deutschen Rechts. Heiratsgut ist nach der Legaldefinition im § 1218 dasjenige Vermögen, welches von der Ehegattin oder für sie von einem Dritten dem Manne zur Erleichterung des mit der ehelichen Gesellschaft verbundenen Aufwandes übergeben oder zugesichert wird. Wie im Römischen Rechte geht also der Zweck der Zuwendung weit über die bloße Einrichtung des Haushalts hinaus, sodaß also auch die Gegenstände des Heiratsgutes ganz verschiedenartig sein können und wie im Römischen Rechte ist Empfänger des Heiratsgutes nicht die Frau, sondern der Mann. Den Eltern und Großeltern und der außerehelichen Mutter wird die Verpflichtung auferlegt, ihren Töchtern und Enkelinnen bei ihrer Verheiratung ein Heiratsgut zu gewähren oder zur Anschaffung eines solchen verhältnismäßig beizutragen. Eine ähnliche Pflicht obliegt den Eltern des Bräutigams (§ 1231). Ist die Braut volljährig oder besitzt sie eignes Vermögen, so muß sie sich jedoch wegen des Heiratsgutes mit dem Bräutigam selbst verständigen (§ 1219). Die Behandlung des Heiratsguts während der Ehe entspricht dem Römischen Vorbilde. Wenn der Mann im allgemeinen am Heiratsgut nur ein Fruchtziehungsrecht erlangt, so erwirbt er doch an barem Gelde und verbrauchbaren Sachen Eigentum; Schuldforderungen gehen auf ihn über (§ 1227). Nach dem Tode des Mannes fällt das Heiratsgut an seine Ehegattin oder deren Erben zurück oder auch an denjenigen, der sich bei freiwilliger Bestellung des Heiratsgutes Rückgewährung des Zugewendeten für diesen Fall ausbedungen hat (§ 1219, dos recepticia). Der Rückforderungsberechtigte kann Sicherstellung beanspruchen (§ 1245).

III. Die übrigen neueren Kodifikationen schließen sich meist mehr oder weniger dem Deutschen Rechte an und behandeln das Aussteuerinstitut im Sinne des Deutschen Rechts. Als Beispiele sollen hier nur die für das moderne Recht wichtigsten Kodifikationen, das Preußische Landrecht, das Badische Landrecht und das Sächsische Bürgerliche Gesetzbuch behandelt werden.

Das Preußische Landrecht (II, 2 §§ 232 ff.) steht noch

ziemlich auf dem mittelalterlichen Standpunkte. Zwar statuiert es eine Verpflichtung des Vaters und subsidiär eine Verpflichtung der Mutter, den Töchtern zur Einrichtung des Hausstandes bei ihrer Verheiratung eine Ausstattung zu gewähren, sobald das Vermögen der Tochter selbst dazu nicht hinreicht. Aber dieses Recht der Tochter auf Aussteuer ist nicht im Wege des Prozesses durchführbar, die Verbindlichkeit der Eltern charakterisiert sich nur als naturalis obligatio. Verweigern die Eltern der Tochter die geforderte Aussteuer, so hat die Tochter nur die Möglichkeit, die Vermittlung des Vormundschaftsgerichts anzurufen. Der Vormundschaftsrichter bestimmt unter Zuziehung zweier Standes- und Zunftgenossen des Antragsgegners nach billigem Ermessen den Betrag der Aussteuer. „Versichern jedoch die Eltern auf Pflicht und Gewissen", daß sie ohne Nachteil für sich und die übrigen Kinder die geforderte Aussteuer nicht gewähren können, so muß die Tochter sich dabei bescheiden. Versagt ist der Tochter der Aussteueranspruch, wenn sie bereits für eine frühere Ehe eine Aussteuer erhalten hat. Hat die Tochter selbst Vermögen, so können zwar die Kosten der Anschaffung der Aussteuer von den Eltern aus diesem Vermögen, sobald sie es in ihrer Verwaltung haben, bestritten werden, es ist aber im Zweifel anzunehmen, daß die Eltern die Aussteuer aus ihrem eignen Vermögen gewähren. Nur dasjenige, was über die Aussteuer hinaus als sog. Brautschatz zugewendet wird, ohne daß hierzu eine Verpflichtung bestanden hätte, ist im Zweifel als aus dem Vermögen des Kindes entnommen anzusehen.

Das Badische Landrecht kennt wie sein Vorbild, der code civil (art. 204) keine Verpflichtung der Eltern zur Aussteuerung oder Ausstattung der Tochter. Gleichwohl wird heute von der französischen Jurisprudenz vorwiegend angenommen, daß die Zusicherung oder Gewährung einer Aussteuer durch die Eltern den Charakter der Erfüllung einer Naturalobligation habe und nicht als Schenkung zu betrachten sei. Auch im Gebiete des französischen Rechts ist es allgemeine Sitte, die Tochter bei ihrer Verheiratung auszustatten; eine Schenkung wird in der Aussteuerung nur dann erblickt, wenn und insoweit die Aussteuer das den Vermögensverhältnissen der Beteiligten entsprechende

Maß übersteigt. Entsprechendes galt bis 1900 im Gebiete des Badischen Landrechts (Barazetti S. 230).

Das Aussteuerrecht in seiner letzten Entwickelung vor dem Reichsgesetzbuch stellt das Sächsische Bürgerliche Gesetzbuch dar. Dieses statuiert eine gesetzliche Verpflichtung der Eltern zur Gewährung einer angemessenen Aussteuer an die sich verheiratende Tochter. Während das ältere Sächsische Recht die Dotierungspflicht von einer ausdrücklichen Zusage abhängig machte, hat das Sächsische Gesetzbuch die Verpflichtung der Eltern zur angemessenen Dotierung der sich verheiratenden Tochter gesetzlich ausgesprochen. Die Aussteuerpflicht obliegt nur gegenüber Töchtern und zwar primär dem Vater (§ 1661), unter den Voraussetzungen des § 1662 der Mutter und im Fall der Annahme an Kindesstatt dem Annehmenden, unter Umständen auch den leiblichen Eltern (§§ 1661—1663). Inhalt der Aussteuerpflicht ist die Gewährung der zur Einrichtung des Hausstandes erforderlichen Gegenstände (§ 1661). Die Aussteuerpflicht, die in jedem Falle durch Bedürftigkeit der Tochter und Leistungsfähigkeit des Elternteils bedingt ist, besteht nicht, wenn die Tochter sich ohne die mit Recht verweigerte Einwilligung des Verpflichteten verheiratet hat (§ 1664). Durch einmalige Aussteuergewährung seitens eines Verpflichteten wird ein weiterer Anspruch der Berechtigten ausgeschlossen (§ 1661, s. unten § 10). Der Aussteueranspruch verjährt in einem Jahre von Eingehung der Ehe ab (§ 1666).

IV. Das Bürgerliche Gesetzbuch für das Deutsche Reich unterscheidet zwischen den Instituten der Aussteuer und der Ausstattung, ähnlich wie bereits das bisherige Recht, z. B. das Sächsische Gesetzbuch (§§ 1659 und 1661), zwischen Ausstattung (Aussteuer) und Heiratsgut (Brautschatz, Mitgift usw.) unterschied. Das Hauptgewicht legt das BGB. auf das Institut der Aussteuer, wenn auch der Ausstattung praktisch vielleicht eine noch größere Bedeutung als der Aussteuer zukommt. Die vorliegende Arbeit soll sich auf die Darstellung der Aussteuer beschränken und wird auf die Ausstattung nur insoweit eingehen, als dies mit Rücksicht auf die engen Beziehungen zwischen Aussteuer und Ausstattung zum Verständnis des Aussteuerinstituts nötig erscheint. Insbesondere muß davon abgesehen werden, die rechtliche Natur und die Behandlung des Ausstattungs- und des Mitgiftversprechens im heutigen Recht näher zu erörtern.

Auf das heute noch neben dem Reichsrecht geltende Landesrecht (s. z. B. Staudinger Erl. 11 zu § 1620) wird nicht eingegangen werden.

I. Die Aussteuer.

§ 2.

Begriff und Gegenstand der Aussteuer.

Während das Gesetz in § 1624 eine Begriffsbestimmung der Ausstattung aufstellt, hat es den Begriff der Aussteuer zu definieren anscheinend absichtlich unterlassen, da es ihn als bekannt voraussetzt. Es bleibt sonach die Formulierung des Aussteuerbegriffs der Wissenschaft überlassen, die bereits einen durch die historische Entwickelung in bestimmter Weise geformten Aussteuerbegriff kennt. Das BGB. folgt der historischen Entwickelung. Die Kommissionsprotokolle (IV, 320) bemerken auch, die Verpflichtung zur Aussteuergewährung sei deshalb im Gesetz anerkannt worden, weil es althergebrachte deutsche Sitte sei, der Tochter bei ihrer Verheiratung die zur Hauseinrichtung erforderlichen Gegenstände mitzugeben.

Wenn das Gesetz den Begriff der Aussteuer nicht ausdrücklich definiert, so läßt sich doch immerhin schon aus den Gesetzesworten erkennen, was das Gesetz unter Aussteuer verstanden haben will. Nach § 1620 soll die Aussteuer zur Einrichtung des Haushalts einer sich verheiratenden Tochter dienen und gerade aus dieser Zweckbestimmung läßt sich auf den Begriff und die Gegenstände der Aussteuer schließen. Aus § 1620 ergibt sich folgendes. Als Aussteuergegenstände können nur körperliche Gegenstände, also Sachen im Sinne § 90 in Betracht kommen, denn der Hauseinrichtung können nur körperliche, nicht etwa unkörperliche Gegenstände, wie z. B. Forderungen dienen. Die Aussteuer kann ferner nur aus beweglichen Sachen bestehen, denn nur solche können zur Einrichtung des Haushalts verwendet werden. In einem Gebäude kann ein Haushalt nur eingerichtet werden, dagegen kann ein Grundstück oder ein Gebäude nicht selbst Hauseinrichtungsgegenstand sein. Es entspricht der Verkehrsauffassung und der Entwicklung des Rechtsinstituts, daß die Aussteuer nur Fahrhabe umfaßt. Ferner soll die Aussteuer nach dem Gesetz nur einer Tochter bei ihrer Verheiratung, nicht auch den sich verehelichenden Söhnen gewährt werden. Die Aussteuer ist endlich vom Gesetz als Sachinbegriff (universitas juris) gefaßt. Die zu gewährende Aussteuer muß die gesamte, den Umständen nach erforderliche Hauseinrichtung enthalten und darf nicht nur eine Beitragsleistung darstellen (Prot. IV, 317 ff.). Welche Sachen im einzelnen zur Aussteuer gehören, kann nur die Sitte bestimmen, allgemeine Rechtssätze lassen sich hierüber nicht aufstellen (s. unten § 9). Es ergibt sich nach alledem folgende Aussteuerdefinition: Aussteuer ist der Inbegriff der nach der Sitte zur Einrichtung des Haushalts einer sich verheiratenden Tochter erforderlichen beweglichen Sachen.

Hiernach gehören zur Aussteuer namentlich die sog. Haushaltungsgegenstände (s. z. B. §§ 1382 und 1932). Unter die Haushaltungsgegenstände sind einmal die sog. Einrichtungsgegenstände zu rechnen — d. h. diejenigen Sachen, welche zur Einrichtung der einzelnen Räumlichkeiten bestimmt sind, vor allem also die Möbel — ferner auch Bett- und Tischwäsche u. a., überhaupt sämtliche außer den Einrichtungsgegenständen zur Führung des ehelichen Haushalts erforderlichen beweglichen Sachen. Außer den vorgenannten Haushaltungsgegenständen umfaßt die Aussteuer auch die zum persönlichen Gebrauche der Frau bestimmten Sachen, z. B. Leibwäsche, unter Umständen auch Kleider und ähnliche für die Frau bestimmte Sachen. Welche Sachen im einzelnen im konkreten Falle zur angemessenen Aussteuer gehören, kann nur nach der örtlichen Sitte und der Lebensauffassung unter Berücksichtigung der Verhältnisse des Einzelfalls bestimmt werden, ein allgemeiner Aussteuerkatalog läßt sich nicht aufstellen (s. jedoch früher Sachsenspiegel, Landrecht I,

Art. 24, § 3). In erster Linie trifft die Entscheidung darüber, welche Sachen zur Aussteuer erforderlich sind, der Aussteuerpflichtige, dem hierbei freie Hand zu lassen ist, soweit die von ihm zugewendete Aussteuer den Verhältnissen entsprechend ihren Zweck erfüllt und das Interesse der Tochter nicht verletzt wird (siehe hierzu auch § 9). — Zur Aussteuer gehören nicht etwa nur diejenigen Sachen, die zur Benutzung durch die Frau bestimmt sind und ihren Zwecken dienen, denn die Aussteuer ist — was zur Erläuterung der oben gegebenen Definition noch bemerkt sein mag — zur Einrichtung des gemeinschaftlichen Haushalts beider Ehegatten bestimmt und soll den Zwecken beider Ehegatten dienen. Deshalb gehören zur Aussteuer an sich auch die zum Gebrauche des Ehemannes dienenden Sachen, sofern sie nur nach der Sitte zur Einrichtung des Haushalts der beiden Eheleute erforderlich sind. Wenn nach einer in den Kreisen der Beteiligten bestehenden Sitte der Ehemann dasjenige, was er persönlich gebraucht, z. B. die Einrichtung seines Arbeitszimmers, oder überhaupt die Einrichtung einzelner Zimmer selbst anzuschaffen hat (s. Endemann II, 2 S. 845), so befreit diese Sitte gleichzeitig den Aussteuerpflichtigen von der Beschaffung dieser Gegenstände. Denn der in Anspruch genommene Aussteuerpflichtige kann nicht gezwungen werden, diejenigen Sachen zu gewähren, die nach der Sitte nicht die Ehefrau, sondern der Ehemann in die Ehe mitzubringen hat. Zur Aussteuer gehören auch die Gebrauchsgegenstände nicht, die ausschließlich den Zwecken des Mannes dienen.

Von der Aussteuer ist die Ausstattung zu unterscheiden. Als Ausstattung bezeichnet § 1624 dasjenige, was einem Kinde mit Rücksicht auf seine Verheiratung oder auf die Erlangung einer selbständigen Lebensstellung zur Begründung oder zur Erhaltung der Wirtschaft oder der Lebensstellung von dem Vater oder der Mutter zugewendet wird. Im Gegensatz zur Aussteuer, die nur in Fahrhabe bestehen kann, gehören also zur Ausstattung nach der allgemeinen Fassung der gesetzlichen Definition Gegenstände aller Art, insbesondere auch unbewegliche Sachen und Forderungen. Ausstattung kann alles sein, was Vermögenswert besitzt. Die Übertragung des Eigentums an einem Wohnhause an die Tochter bei ihrer Verheiratung zur Begründung ihrer Hauswirtschaft ist nicht Aussteuer, sondern Ausstattung, die insoweit als Schenkung gilt, als sie das den Umständen entsprechende Maß übersteigt. Ebenso ist nicht Aussteuergewährung die Zuwendung von beweglichen Sachen zu andern Zwecken als zum Zwecke der Einrichtung des Haushalts, z. B. von Sachen, die zur Einrichtung eines Erwerbsgeschäfts bestimmt sind. Unter den Voraussetzungen des § 1624 sind solche Zuwendungen als Ausstattung zu betrachten. Einmalige Kapitalszuwendungen und fortdauernde Zuschüsse der Eltern an die Tochter zur Führung und Erhaltung des Hausstandes und der Wirtschaft können ebenfalls nur als Ausstattung im Sinne § 1624 aufgefaßt und behandelt werden. Dagegen liegt keine Ausstattung, sondern Aussteuer vor, wenn die Aussteuerverpflichtung anstatt durch Naturalleistung durch Geldzahlung erfüllt wird (s. unten § 9).

Zum Begriff der Ausstattung gehört nach dem Gesetz die Zuwendung der Ausstattung durch Vater oder Mutter (§ 1624). Hinsichtlich der Aussteuer ist eine ähnliche Beschränkung nicht getroffen, doch obliegt nach dem Gesetz die Aussteuerverpflichtung nur dem Vater oder der Mutter. Man bezeichnet deshalb als Aussteuer im Rechtssinne regelmäßig nur diejenige Aussteuerzuwendung, die von Vater oder Mutter in Erfüllung der ihnen auf Grund § 1620 obliegenden Aussteuerverpflichtung gemacht worden ist. Jedenfalls können die Rechtssätze über die Aussteuer im Rechtssinn nur auf eine kraft Gesetzes geschuldete und gewährte Aussteuer Anwendung finden. Die nämliche Zuwendung der Eltern kann juristisch als Aussteuer oder als Ausstattung zu behandeln sein, je nachdem sie vom Aussteuernden in Erfüllung der gesetzlichen Verpflichtung des § 1620 oder der im § 1624 enthaltenen sittlichen Verpflichtung erfolgt ist, dieselbe Zuwendung kann ferner Schenkung oder Erfüllungsleistung der Eltern oder eines Dritten sein, je nachdem sie freiwillig — und soweit die Eltern in Frage kommen, über das angemessene Maß hinaus (§ 1624) — gewährt oder auf Grund Gesetzes oder rechtsgeschäftlichen Aussteuerversprechens geschuldet wurde (Dernburg S. 239). Diese Unterschiede im Charakter der einzelnen Zuwendungen werden namentlich für die Frage der Gewährleistungspflicht für Mängel im Rechte und Fehler der Aussteuersachen wichtig (s. unten § 16).

§ 3.

Verhältnis der Aussteuer zur Ausstattung.

Zur vollständigen Klarstellung des Begriffs der Aussteuer gehört die Abgrenzung des Begriffs gegenüber dem Ausstattungsbegriffe und die Untersuchung des Verhältnisses beider Begriffe zueinander.

Der Entwurf I zum BGB. kennt nur das Institut der Ausstattung, unter der er den Inbegriff derjenigen beweglichen Sachen versteht, die hauptsächlich der Einrichtung des Hauswesens und den persönlichen Bedürfnissen der Ehegatten zu dienen bestimmt sind (Mot. IV, 719), also das heutige Aussteuerinstitut. Erst im Entwurfe II tritt dann das Ausstattungsinstitut im Sinne des heutigen Gesetzes auf (Prot. IV, 323), während die frühere Ausstattung jetzt als Aussteuer bezeichnet wird. Die Ausstattung war eine Erweiterung des früheren Ausstattungsbegriffs. Den Hauptunterschied beider Institute bildet ihre Behandlung; die Gewährung einer Aussteuer wird gesetzlich geboten, zur Gewährung der Ausstattung sollen die Eltern dagegen nur moralisch verpflichtet sein. Im Gesetz sind beide Begriffe äußerlich koordiniert. Als Aussteuer ist jetzt der Inbegriff der nach der Sitte zur Hauseinrichtung einer sich verheiratenden Tochter erforderlichen Mobilien aufzufassen, Ausstattung dagegen ist dasjenige, was einem Kinde mit Rücksicht auf seine Verheiratung zur Begründung oder zur Erhaltung der Wirtschaft und mit Rücksicht auf die Erlangung einer selbständigen Lebensstellung zur Begründung oder zur Erhaltung der Lebensstellung vom Vater oder der Mutter zugewendet wird. Ein Vergleich beider Begriffe ergibt, daß sie sich teilweise decken und daß der Ausstattungsbegriff der umfassendere Begriff ist. Die Aussteuer kann nur aus Mobilien, die Ausstattung außerdem auch aus Immobilien, Forderungen und anderen Gegenständen bestehen. Während die Aussteuer nur dem einen Zwecke der Hauseinrichtung der sich verheiratenden Tochter dienen soll, wird die Ausstattung mit

Rücksicht auf die Verheiratung eines Sohnes oder einer Tochter oder die Erlangung einer selbständigen Lebensstellung eines Kindes zur Begründung oder zur Erhaltung der Wirtschaft oder zur Begründung oder Erhaltung einer Lebensstellung, also zu mehrfachen, dem der Aussteuer aber gleichartigen Zwecken zugewendet. Die Aussteuerobjekte sind ein Ausschnitt aus dem Kreise der Ausstattungsobjekte. Die nahe Verwandtschaft der beiden Begriffe zeigt sich besonders darin, daß der Begriff der Aussteuer zuweilen in den der Ausstattung überfließt. Übersteigt z. B. die gewährte Aussteuer das den Umständen entsprechende Maß, oder dient die Zuwendung etwa gleichzeitig mit zur Einrichtung eines Erwerbsgeschäfts, so ist die Zuwendung insoweit als Ausstattung aufzufassen. Ob das Übermaß an Aussteuer als Schenkung anzusehen ist, entscheidet sich nach § 1624. Hiernach ist, wie auch in der Literatur allgemein anerkannt wird, anzunehmen, daß die Aussteuer eine Art der Ausstattung ist.

Da durch den übergeordneten Begriff der in ihm enthaltene untergeordnete Begriff grundsätzlich in jeder Beziehung gedeckt wird, können und müssen die für den übergeordneten Begriff aufgestellten Rechtssätze auch auf den untergeordneten Begriff wenigstens im Wege der Analogie angewendet werden, sofern sich nichts Gegenteiliges aus dem Gesetz oder der Natur des Instituts ergibt. Wenn in der Literatur zuweilen angenommen wird, die für die Ausstattung aufgestellten Rechtssätze seien ohne weiteres auch auf die Aussteuer anzuwenden, so erscheint dies in dieser Allgemeinheit ohne nähere Prüfung des Einzelfalls bedenklich. Denn trotz ihres anerkannten Subordinationsverhältnisses weist die Aussteuer, wie schon ein Blick auf §§ 1620—1625 lehrt, in ihrer Behandlung im Gesetz derartige Verschiedenheiten gegenüber der Ausstattung auf, daß ein Rechtssatz, der für die Ausstattung aufgestellt ist, unter Umständen auf die Aussteuer gänzlich unanwendbar ist. In all den Fällen, in denen offensichtlich der Rechtssatz ausschließlich für die Ausstattung gilt (z. B. §§ 1624 Abs. 2, 1551), wird die Subsumtion der Aussteuer gar nicht in Frage kommen. In einzelnen Fällen dagegen können hinsichtlich der Subsumtionsmöglichkeit Zweifel bestehen. Es muß deshalb die Anwendung der für die Ausstattung aufgestellten Vorschriften auf die Aussteuer einer Einschränkung unterliegen, soweit diese Vorschriften lediglich auf dem Gesichtspunkte beruhen, daß die Ausstattungsgewährung einer sittlichen Pflicht entspricht und ihre Anwendung auf die Aussteuer dem Wesen der Sache widersprechen würde. Um formalistische und unsachgemäße Resultate zu vermeiden, ist in jedem Einzelfalle zu prüfen, ob die Ausdehnung des zunächst für die Ausstattung aufgestellten Rechtssatzes auf das Aussteuerinstitut dem Wesen der Aussteuer entspricht und zulässig ist. In manchen Fällen ist dies ohne Schwierigkeit festzustellen; so kann § 1624 Abs. 2 nicht für die Gewährleistungspflicht des Aussteuerpflichtigen gelten (s. unten § 16), eingebrachtes Gut eines Ehegatten im Sinne des § 1551 kann ferner die Aussteuer nicht sein, da sie nur aus Mobilien bestehen kann, ebenso kann im § 1556 die Aussteuer keine Rolle spielen, weil sie in vollem Umfange Gesamtgut wird. Dagegen ist in den §§ 1521 und 1477 Abs. 2 auch die Aussteuer durch den Begriff Ausstattung mit gedeckt. In anderen Fällen machen sich eingehendere Untersuchungen notwendig. Beispielsweise ist in der Literatur bestritten, ob der Vormund eines volljährigen Mündels ebenso wie zur Gewährung oder zum Versprechen einer Ausstattung (§ 1902) auch zur Gewährung oder zum Versprechen einer Aussteuer aus dem Vermögen des Mündels vormundschaftliche Genehmigung einholen muß. (Verneinend z. B. Fischer-Henle und Scherer Erl. zu § 1902; bejahend Planck, Erl. zu § 1902.) Nach den allgemeinen Bestimmungen über die Vormundschaft über Minderjährige (s. § 1897) brauchte der Vormund zur Gewährung einer Aussteuer als zu einer Verfügung über bewegliche Sachen des Mündels keine gerichtliche Genehmigung (§§ 1812, 1821, 1822), auch stände der Zuwendung nicht § 1804 entgegen. Zweifelhaft erscheint nur, ob der Vormund auf Grund der für volljährige Mündel getroffenen Spezialbestimmung des § 1902 die Verpflichtung zur Einholung der gerichtlichen Genehmigung hat. Gegen die Annahme einer solchen Verpflichtung spricht der Umstand, daß eine klagbare Verbindlichkeit des Mündels zur Aussteuerung besteht. Entscheidend ist jedoch Sinn und Zweck des § 1902, dem der Gedanke zugrunde liegt, der Vormund solle mit Rücksicht auf die Wichtigkeit des vorzunehmenden Rechtsgeschäfts und weil eine unentgeltliche Ausstattung einer Schenkung sehr nahe kommt, nicht auf eigne Faust handeln, sondern das Vormundschaftsgericht mit zu Rate ziehen (Mot. IV, 1240, Prot. IV, 849). Da die Gewährung oder das Versprechen einer Aussteuer aus dem Vermögen des Mündels ein Rechtsgeschäft ist, welches an Wichtigkeit weder in rechtlicher noch in wirtschaftlicher Beziehung dem der Ausstattungsgewährung nachsteht, kann die Genehmigung des Vormundschaftsgerichts hierzu nicht entbehrt werden. Das Vormundschaftsgericht ist insbesondere berufen, dem Vormunde bei Bemessung der Höhe und des Umfangs der Aussteuer behilflich zu sein und bei etwaigen Meinungsverschiedenheiten der Parteien vermittelnd tätig zu werden. Die Kommission für die zweite Lesung lehnte deshalb auch einen Antrag ab, der den Vormund für die Aussteuergewährung von der Verpflichtung zur Einholung der vormundschaftsgerichtlichen Genehmigung befreien wollte (Prot. a. a. O.). Ob der Vormund materiell die Zuwendung in Vertretung des Mündels gewähren muß (so bei der Aussteuer), oder ob die Zuwendung in seinem Belieben steht (so bei der Ausstattung), ist mithin für das Erfordernis der gerichtlichen Genehmigung im § 1902 gleichgültig. In beiden Fällen bedarf der Vormund gerichtlicher Genehmigung zur Zuwendung (s. auch die deutlichere Fassung des § 1778 Entwurf II). — Zu untersuchen ist ferner, ob die Aussteuer im § 1465 unter den Begriff der Ausstattung subsumiert werden darf. Die Bestimmungen des § 1465 beruhen auf der Erwägung, daß bei der Bestimmung der Angemessenheit der Ausstattung nach § 1624 nicht nur das Gesamtgut, sondern auch das Sonder- und Vorbehaltsgut des ausstattenden Elternteils in Betracht zu ziehen sind. Es kann mithin die einem gemeinschaftlichen Kinde vom Vater gewährte Ausstattung nach § 1624 den Umständen entsprechend und nicht als Schenkung zu behandeln sein — sodaß der Mann die Ausstattung ohne eheweibliche Zustimmung (arg. § 1446) und ohne ersatzpflichtig zu werden (§ 1456), aus dem Gesamtgute gewähren kann, s. auch R. d. OLG. II, 68 — und trotzdem das dem Gesamtgute entsprechende Maß übersteigen. Weil jedoch die Gewährung und das Versprechen einer Ausstattung nur durch eine moralische

Pflicht geboten war, soll die dem Gesamtgute nicht entsprechende Ausstattung im Verhältnisse der Ehegatten zueinander dem Manne zur Last fallen, insoweit sie das dem Gesamtgute entsprechende Maß übersteigt. Weil lediglich im Interesse eines einseitigen Kindes soll ferner eine vom Manne einem nichtgemeinschaftlichen Kinde aus dem Gesamtgute versprochene oder gewährte Ausstattung im Verhältnisse der Ehegatten zueinander dem Vater oder der Mutter des Kindes zur Last fallen, dieser jedoch nur, wenn sie zustimmt oder die Ausstattung nicht das dem Gesamtgute entsprechende Maß übersteigt (§ 1465 Abs. 2). Auf die Gewährung einer Aussteuer kann der § 1465 nicht Anwendung finden, denn die Gewährung einer Aussteuer steht nicht im Belieben des Elternteils, sondern erfüllt eine dem Elternteile obliegende Rechtspflicht. Gleichgültig, ob die aussteuerberechtigte Tochter ein einseitiges oder ein gemeinschaftliches Kind ist, fällt die Aussteuerschuld jedes Ehegatten, die zu den Gesamtgutsverbindlichkeiten gehört (§ 1459), auch im Verhältnisse der Ehegatten zueinander dem Gesamtgute zur Last, auch wenn die nach § 1620 angemessene Aussteuer das dem Gesamtgute entsprechende Maß übersteigt. Ebenso deckt auch in den ganz entsprechenden Fällen der §§ 1499 Nr. 3 und 1538 der Ausstattungsbegriff nicht gleichzeitig den Aussteuerbegriff. — Über zwei weitere Fälle, die ebenfalls näherer Erörterung bedürfen, wird in den nächsten Paragraphen gesondert gehandelt werden.

§ 4.
Die Behandlung der Aussteuer im Erbrecht.

Im fünften Buche des BGB., im Erbrecht, wird der Aussteuerbegriff nicht erwähnt, nur von der Ausstattung ist im § 2050 Abs. 1 die Rede. Nach § 2050 Abs. 1 sollen nämlich bei der Erbauseinandersetzung Abkömmlinge, die als gesetzliche Erben (s. auch § 2052) zur Erbfolge gelangen, dasjenige, was sie vom Erblasser bei dessen Lebzeiten als Ausstattung erhalten haben, untereinander zur Ausgleichung bringen, soweit nicht der Erblasser bei der Zuwendung ein anderes bestimmt hat. Bei der Sorgfältigkeit der Terminologie des BGB. und mit Rücksicht auf die Entstehungsgeschichte des § 2050 (Mot. V, 702, Prot. V, 890) ist anzunehmen, daß der Ausdruck Ausstattung in dem im § 1624 bezeichneten Sinne aufgefaßt werden soll (Strohal, Erbrecht I, 64). Zu Bedenken gibt nur Anlaß, daß nach der Definition des § 1624 die Ausstattung lediglich Zuwendungen des Vaters oder der Mutter umfaßt, während nach § 2050 Abs. 1 ohne Zweifel auch Zuwendungen anderer Erblasser als Vater oder Mutter zur Ausgleichung gebracht werden sollen, sobald sie nur sonst die Begriffsmerkmale der Ausstattung aufweisen. Es kommt aber in Ansehung der Ausgleichungspflicht nicht in Betracht, daß auf eine von Voreltern gewährte Ausstattung die im § 1624 aufgestellten Rechtssätze nicht Anwendung finden können. Insoweit die im § 1624 enthaltene Begriffsbestimmung die Zuwendung durch Personen bestimmten Verwandtschaftsgrades verlangt, ist sie für § 2050 nicht maßgebend; es sollte auch durch § 2050 der im § 1624 für das ganze Gebiet des BGB. aufgestellte Ausstattungsbegriff nicht verändert werden. Vielmehr sollte der Ausdruck Ausstattung nur eine kurze Bezeichnung für die Zuwendungen sein, die der Erblasser dem Abkömmlinge unter den im § 1624 angegebenen Umständen gemacht hat (Strohal a. a. O. S. 65). Eine weitere Frage ist, ob auch die in Erfüllung der im § 1620 aufgestellten Rechtspflicht gewährte Aussteuer unter den Voraussetzungen des § 2050 Abs. 1 von der Empfängerin zur Ausgleichung zu bringen ist. Da die Aussteuer als Art der Ausstattung einen Teil der Gegenstände bildet, die, wie eben dargelegt, nach der Absicht des § 2050 Abs. 1 zur Ausgleichung zu bringen sind, so ist die Frage zu bejahen. Allerdings ist die Behandlung der Aussteuer von der Behandlung der Ausstattung verschieden und es scheint zunächst dem Ausgleichungsgedanken nicht zu entsprechen, daß der Miterbe eine Zuwendung des Erblassers zur Ausgleichung bringen soll, auf die er ein gesetzlich begründetes Recht hatte. Die Aussteuerung ist jedoch eine Zuwendung unter Lebenden im Sinne des § 2050 ebenso wie die Ausstattung. Was unter Zuwendung zu verstehen ist, sagt das Gesetz nicht, es begnügt sich mit der Erwähnung einzelner Beispiele von Zuwendungen in den Absätzen 1 und 2 des § 2050 (arg. „andere" Zuwendungen, § 2050 Abs. 3). Daß die Zuwendung freiwillig und unentgeltlich erfolgt, ist nicht notwendig. Als Zuwendung im Sinne des § 2050 bezeichnet die Praxis demgemäß jede freigebige einseitige Übertragung von Vermögensrechten, die zwar nicht unbedingt unentgeltlich zu sein braucht, jedenfalls aber kein Rückforderungsrecht des Zuwendenden begründet (RGEntsch. vom 26. XI. 1901 u. 30. VI. 1902, Zentralbl. 1902, 126, 250, Jur. Wochenschr. 1902 Nr. 55). In diesem Sinne ist auch die Aussteuerung eine Zuwendung. Die Ausgleichungspflicht geht ferner nicht dahin, daß nur Zuwendungen, die nicht in Erfüllung einer rechtlichen Verpflichtung gewährt wurden, zur Ausgleichung zu bringen sind. So wäre denkbar, daß Aufwendungen für die Vorbildung zu einem Berufe nach § 2050 Abs. 2 zur Ausgleichung zu bringen sind, obwohl der Empfänger nach den Grundsätzen über die Unterhaltspflicht (s. bes. § 1610) die Aufwendungen verlangen konnte. Ebenso kommt für § 2050 nicht in Betracht, ob die Aussteuer etwa das den Verhältnissen des Erblassers entsprechende Maß überstieg und als Schenkung zu betrachten war (§ 1624). Nach § 2050 soll die dem wahrscheinlichen Willen des Erblassers entsprechende Gleichstellung seiner Abkömmlinge dadurch nicht beeinträchtigt werden, daß zufällige Umstände den Erblasser veranlaßt haben, einzelnen Abkömmlingen Gaben bestimmter Art zukommen zu lassen (Strohal, Erbr. I, 63). Hiernach entspricht die Ausgleichung der Aussteuer dem wahrscheinlichen Willen des Erblassers ebenso wie die Ausgleichung der Ausstattung. Nach alledem ist, wie auch in der Literatur allgemein anerkannt wird (abweichend nur Scherer, Erl. zu § 1620), unter den Voraussetzungen des § 2050 Abs. 1 auch die Aussteuer zur Ausgleichung zu bringen. Gleichgültig ist, ob die Aussteuersachen von dem Elternteil in Erfüllung der ihm nach § 1620 obliegenden Verpflichtung oder etwa von einem weiteren Vorfahren zugewendet worden sind. Nicht erforderlich ist die Ausgleichung, wenn der Erblasser bei der Zuwendung der Aussteuer der Tochter die Ausgleichung erlassen hat (s. aber § 2316 Abs. 3).

Ist der Aussteueranspruch vor dem Tode des Erblassers gegen diesen zur Entstehung gekommen, die Aussteuer aber zur Zeit des Erbfalls noch nicht gewährt, so ist die Aussteuerschuld zwar Nachlaßverbindlichkeit, zweifelhaft erscheint jedoch, ob für die aussteuerberechtigte Miterbin eine Ausgleichungspflicht besteht, wenn sie auf Grund ihres vor dem Erbfall entstandenen Aussteueranspruchs Erfüllung, d. h. Zuwendung der Aussteuersachen von ihren Miterben verlangt. Nach § 2050 Abs. 1 ist nur dasjenige zur Ausgleichung zu bringen, was ein Abkömmling von dem Erblasser bei dessen Lebzeiten zugewendet erhalten hat. Die ausgleichungspflichtige Gabe muß also zufolge eines Rechtsgeschäfts oder einer Rechtshandlung des Erblassers vor seinem Tode in das Vermögen des Ausgleichungspflichtigen gelangt sein. Eine ausgleichungspflichtige Zuwendung liegt z. B. dann vor, wenn der Erblasser noch vor seinem Tode der Tochter unter deren Annahme die Gewährung einer Ausstattung zugesagt hat, sodaß nunmehr die Tochter die Erfüllung dieses Versprechens von den Erben beanspruchen kann (s. auch R. d. OLG. VIII, 348), denn hier ist die Zuwendung (des obligatorischen Rechts auf Ausstattung) durch eine Handlung des Erblassers erfolgt. Dagegen erfolgt der Erwerb des Aussteueranspruchs unabhängig vom Willen und ohne rechtsgeschäftliche Tätigkeit des Erblassers lediglich kraft Gesetzes, in dem Entstehen des Aussteueranspruchs ist keine Zuwendung des Erblassers zu erblicken, die Tochter hat von dem Erblasser noch nichts erhalten. Hiernach wäre eine Tochter, die sich vor dem Tode des Aussteuerpflichtigen verheiratet hat, berechtigt, von den Erben Erfüllung ihres Aussteueranspruchs zu verlangen, ohne ihrerseits die von den Erben ihr gewährte Aussteuer zur Ausgleichung bringen zu müssen, während ihre Schwester, die sich gleichzeitig verehelicht hat und der die Aussteuer seitens des Erblassers zufälligerweise noch bei Lebzeiten zugewendet wurde, die Zuwendung zur Ausgleichung bringen müßte. Unbillig erscheint es jedoch, die erste Schwester von der Ausgleichungspflicht zu befreien, da sie die zu gewährende Aussteuer, wenn auch später, in gleicher Weise erhält wie die zweite Schwester. Die Befreiung von der Ausgleichungspflicht würde sich auch nicht mit dem etwaigen Leistungsverzuge des Erblassers rechtfertigen lassen, denn der Inhalt der Verzugsrechte ist gesetzlich genau in anderer Richtung bestimmt (s. §§ 286 ff.). Mit Rücksicht darauf, daß die Befreiung von der Aussteuerpflicht nur auf einem rein äußerlichen Grunde beruhen würde und nicht aus inneren Gründen notwendig erscheint, ist die Gleichbehandlung der beiden Fälle zu erstreben und die Tochter auch dann zur Ausgleichung anzuhalten, wenn sie auf Grund eines vor dem Erbfall gegen den Erblasser erworbenen Aussteueranspruchs von dessen Erben eine Aussteuer verlangt und erhält. Das Entstehen des Aussteueranspruchs kraft Gesetzes muß der Zusage der Gewährung einer Ausstattung gleichgestellt und somit als Zuwendung im Sinne des § 2050 aufgefaßt werden. Denn der Anspruch auf Aussteuer belastet den Nachlaß genau ebenso wie der Anspruch auf Gewährung der versprochenen Ausstattung. Es läßt sich dann § 2050 Abs. 1 im Wege der Analogie auf den Fall der nach dem Erbfall seitens der Erben bewirkten Aussteuerung anwenden. Dem widerspricht kein im Wesen der Rechtsinstitute liegender Grund, dagegen ist der Analogieschluß durch die Ähnlichkeit der Fälle und das Bedürfnis der Gleichbehandlung gerechtfertigt (vgl. Strohal, Erbr. I S. 65 Nr. 15).

Die Kollationspflichtigkeit der Aussteuer nach § 2050 Abs. 1 hat zugleich Bedeutung für das Pflichtteilsrecht hinsichtlich der Berechnung des Pflichtteils. Sind mehrere Abkömmlinge vorhanden und hätte unter ihnen im Fall der gesetzlichen Erbfolge ein Abkömmling eine Aussteuer zur Ausgleichung zu bringen, so bestimmt sich der Pflichtteil des Abkömmlings nach demjenigen, was unter Berücksichtigung der Ausgleichungspflicht bei der Erbteilung auf den gesetzlichen Erbteil entfallen würde (§ 2316). Hervorzuheben ist die zwingende Vorschrift des § 2316 Abs. 3, nach der eine gewährte Aussteuer vom Erblasser nicht zum Nachteil eines Pflichtteilsberechtigten von der Berücksichtigung bei der Berechnung des Erbteils ausgeschlossen werden darf. Eine dem § 2316 Abs. 3 zuwiderlaufende Anordnung ist unwirksam (Planck, Erl. zu § 2316), dagegen kann der Erblasser die Berücksichtigung einer zur Ausgleichung zu bringenden Aussteuer bei der Berechnung des Pflichtteils zu Gunsten des Pflichtteilsberechtigten ausschließen (s. auch § 2050). — Wichtig ist, daß der Erblasser bei der Zuwendung der Aussteuer die Anrechnung auf den Pflichtteil nicht wirksam anordnen kann. Der Grund liegt nicht darin, daß die Aussteuergewährung bei der Berechnung des Pflichtteils bereits nach § 2316 Abs. 1 kraft Gesetzes in Berücksichtigung zu ziehen ist, denn § 2316 Abs. 4 geht von der Voraussetzung aus, daß auch hinsichtlich einer bereits nach Abs. 1 zu berücksichtigenden Zuwendung eine Anordnung nach § 2315 Abs. 1 getroffen werden könne, ohne daß jedoch durch § 2316 Abs. 4 die Frage entschieden wäre, ob in allen Fällen des § 2316 Abs. 1 auch eine Anordnung nach § 2315 Abs. 1 zulässig ist. Während hinsichtlich der Ausstattung eine Anordnung nach § 2315 Abs. 1 zulässig erscheint, braucht sich die aussteuerberechtigte Tochter eine derartige Anordnung bei der Zuwendung der Aussteuer nicht gefallen zu lassen, da sie auf Grund ihres Rechtsanspruchs auf Aussteuer verlangen kann, daß ihr die Aussteuer frei von irgend welchen Beschwerungen gewährt werde. Sie darf die unter Hinzufügung einer Anordnung nach § 2315 Abs. 1 zugewendete Aussteuer zurückweisen, ohne in Empfangsverzug zu geraten. Die Tochter muß sich zwar die durch das Gesetz (§ 2316 Abs. 1) angeordnete Berücksichtigung der Aussteuer gefallen lassen, nicht aber braucht sie außerdem noch die Anordnung des Zuwendenden nach § 2315 Abs. 1 zu dulden. Den Ausführungen Strohals (Erbrecht 2. Aufl. S. 246 und bes. 3. Aufl. Bd. I S. 467) kann allenthalben beigetreten werden. Hat sich jedoch der Zuwendungsempfänger, obwohl er dazu nicht gezwungen werden konnte, mit der Anrechnung der Aussteuer auf den Pflichtteil einverstanden erklärt, so ist er an die freiwillig übernommene Beschränkung gebunden (Planck, Erl. zu § 2315). Es wird dadurch jedoch kein Recht des zuwendenden Erblassers, sondern ein erst nach dem Tode des Erblassers entstehendes Recht der Miterben begründet.

§ 5.

Über die Anwendbarkeit des § 1625 auf die Aussteuer.

Auch hinsichtlich der Bestimmung des § 1625 entsteht die Frage, ob die von den Eltern in Erfüllung der gesetzlichen Aussteuerpflicht zugewendete Aussteuer als Art der Ausstattung der zunächst für die Ausstattung aufgestellten Auslegungsregel unterworfen werden kann. In der Literatur ist streitig, ob § 1625 auch auf die Gewährung einer Aussteuer Anwendung finden darf. Die Frage wird von der Mehrzahl der Schriftsteller bejaht, von Süssheim (S. 400) und bisher von Staudinger (1. Aufl., Erl. Nr. 3, s. jedoch 2. Aufl., Erl. Nr. 5 zu § 1625) verneint. Ernstliche Zweifel können nur dann bestehen, wenn die Tochter zwar ein geringes Vermögen besitzt, dieses aber zur Anschaffung einer angemessenen Aussteuer nicht ausreicht und der Elternteil infolgedessen zur Gewährung einer Aussteuer ungeachtet des Vermögens der Tochter verpflichtet ist (s. unten § 8). Nur bei dieser Sachlage ist dem aussteuerpflichtigen Elternteil tatsächlich die Möglichkeit gegeben, das Vermögen der Tochter bei der Aussteueranschaffung anzugreifen. Die Fälle, in denen der Elternteil einer völlig unvermögenden oder einer ein ausreichendes Vermögen besitzenden Tochter eine Aussteuer gewährt, scheiden bei der nachfolgenden Betrachtung zunächst aus. Denn im ersten Falle kann § 1625 mangels Vermögens der Tochter nicht zur Anwendung kommen, dagegen muß im zweiten Falle § 1625 schon deshalb gelten, weil die Zuwendung einer rechtlich nicht geschuldeten Aussteuer sich als Ausstattung im Sinne des § 1624 charakterisiert.

Eine ausdrückliche Hinweisung darauf, daß der § 1625 nur auf den unmittelbar vorangehenden § 1624 bezogen werden dürfe, fehlt im Gesetz. Aus der äußerlichen Gleichordnung von § 1625 mit §§ 1620 bis 1624 könnte gefolgert werden, § 1625 solle sich auf sämtliche vorangehenden Gesetzesbestimmungen, nicht nur auf § 1624 beziehen. Hierzu kommt, daß es sich um gleichartige Zuwendungen handelt. Gleichwohl läßt sich aber aus materiellen Gründen der Fall der Gewährung einer rechtlich geschuldeten Aussteuer nicht unter § 1625 subsumieren. Es ist nämlich folgendes zu erwägen.

Nach § 1625 soll unter bestimmten Voraussetzungen im Zweifelsfalle davon ausgegangen werden, daß der Elternteil die dem Kinde gewährte Ausstattung aus dem Kindesvermögen entnommen habe. Darüber, ob der Elternteil ein Recht hatte, die Ausstattung aus dem Vermögen des Kindes zu gewähren, entscheidet § 1625 nicht, vielmehr bestimmt sich dies nach den allgemeinen Vorschriften des Familienrechts. Die Anwendung des

§ 1625 setzt eine anderweit begründete Berechtigung des Elternteils, die Ausstattung aus dem Vermögen des Kindes zu entnehmen, voraus; § 1625 kann also dann nicht Anwendung finden, wenn die Entnahme der Zuwendung aus dem Kindesvermögen gesetzlich nicht gestattet war. Jedenfalls würde die Tatsache des Fehlens der Entnahmebefugnis des Elternteils geeignet sein, die Auslegungsregel zu entkräften. Für den Ausstattenden besteht nun wohl in der Regel, sofern er sich nicht ausdrücklich zur Gewährung einer Ausstattung (aus seinem Vermögen) verpflichtet hat, das Recht, die zuzuwendende Ausstattung aus dem Vermögen des Kindes zu entnehmen. Denn der Elternteil ist als gesetzlicher Vertreter des Kindes nicht nur berechtigt, sondern auch verpflichtet, für das Wohl des Kindes zu sorgen und, soweit es die Umstände erfordern, über das Vermögen des Kindes in dessen Interesse zu verfügen, insbesondere dem Kinde aus seinem Vermögen die Mittel zur Verheiratung, zur Gründung eines Erwerbsgeschäfts usw. zur Verfügung zu stellen. Er bedarf hierzu nicht der Einwilligung des Kindes (Mot. 4, 720ff.). Die Gewährung einer Ausstattung an die Tochter aus deren Vermögen ist demnach meist nur ein Verwaltungsakt des Elternteils (Endemann II, 2 S. 845). Hiernach erscheint auch die Auslegungsregél des § 1625 für den Fall der Gewährung einer rechtlich nicht geschuldeten Ausstattung durchaus gerechtfertigt. Da die Gewährung einer Ausstattung in der Mehrzahl der Fälle ein Akt der Verwaltung des Kindesvermögens sein wird, soll kraft Gesetzes im Zweifel angenommen werden, daß der Elternteil in allen Fällen, in denen er eine Ausstattung gewährt, nur als gesetzlicher Vertreter und Verwalter des Kindesvermögens gehandelt habe.

Hinsichtlich der Gewährung einer Aussteuer muß man dagegen zu einer anderen Entscheidung gelangen, da der Elternteil zur Gewährung der Aussteuer unter bestimmten Voraussetzungen rechtlich verpflichtet ist. Hieraus ergibt sich nämlich, daß der Elternteil der Tochter die Aussteuer aus seinem eignen Vermögen zuzuwenden hat. Sofern der Tochter nach dem Gesetz ein Aussteueranspruch überhaupt zusteht (s. unten § 8), ist ihr die Aussteuer aus dem Vermögen des Elternteils zu gewähren. Wenn also die Tochter ein geringes, aber zur Aussteueranschaffung nicht ausreichendes, der elterlichen Verwaltung unterliegendes Vermögen besitzt, braucht sie nicht zu dulden, daß dieses Vermögen zur Anschaffung der Aussteuer mit verwendet wird. Es kann dem Elternteil nicht gestattet sein, sich von einer ihm vom Gesetz auferlegten Verpflichtung gegenüber der Tochter auf deren Kosten durch Verwendung ihres Vermögens (teilweise) zu befreien. Ein Urteil auf Gewährung einer bestimmten Aussteuer könnte die Tochter in vollem Umfange in das Vermögen des Aussteuerpflichtigen vollstrecken. Nach dem oben Ausgeführten kann demgemäß die Auslegungsregel des § 1625 auf die Gewährung einer unter den gesetzlichen Voraussetzungen rechtlich geschuldeten Aussteuer nicht zur Anwendung kommen. Wenn PLANCK (Erl. zu § 1625) die Auslegungsregel des § 1625 auch auf die Aussteuergewährung anwendet, so liegt der Grund hierfür wahrscheinlich darin, daß er davon ausgeht, die Aussteuerverpflichtung bestehe insoweit nicht, als die Tochter eignes Vermögen besitze (s. hierüber unten § 8). Insoweit, also soweit die Aussteuer nach PLANCK nicht rechtlich geschuldet ist, würde die Zuwendung als Ausstattung zu betrachten sein, auf welche § 1625 Anwendung finden müßte. Denn soweit die Zuwendung sich als Ausstattung charakterisiert, kommt auch das elterliche Verwaltungsrecht zur Geltung; der Elternteil wäre demnach berechtigt, das Vermögen der Tochter, soweit es reicht, zur Anschaffung der Aussteuer mit zu verwenden. Dementsprechend könnte dann auch § 1625 Anwendung finden.

Hat die Tochter zur Aussteueranschaffung ausreichendes eignes Vermögen, so steht es dem (nicht aussteuerpflichtigen) Vater frei, der Tochter die Aussteuer aus seinem oder aus ihrem seiner Verwaltung unterliegenden Vermögen zu gewähren. Ist es nach außen nicht zu erkennen, aus wessen Vermögen die Zuwendung stammt, so greift die Auslegungsregel des § 1625 ein. Daß es sich im § 1625 nicht etwa um eine Vermutung (praesumtio juris), sondern um eine Auslegungsregel handelt, ergibt sich daraus, daß das Gesetz im Gegensatz zu den Entwürfen (I § 1500, II § 1520; Mot. 4, 720, 721; Prot. 4, 319, 323) die Worte „Vermutung“ oder „Vermuten“, die das Gesetz sonst regelmäßig zur Charakterisierung eines Rechtssatzes als Vermutung gebraucht, hier nicht anwendet, sondern vielmehr den Rechtssatz mit den Worten „im Zweifel ist anzunehmen" einleitet (Planck I, 21; Gaupp-Stein, Erl. zu § 292.) Die Bestimmung des § 1625 hat nur für den Fall Geltung, daß ein abweichender Wille der Parteien, der sich außer in rechtsgeschäftlichen Akten auch in tatsächlichen Vorgängen (insbesondere konkludenten Handlungen) äußern kann, nicht aus den Umständen zu entnehmen ist. Die Verteilung der Beweislast bleibt im § 1625 unentschieden. Näher auf diese Punkte einzugehen, liegt außerhalb des Rahmens der Arbeit, denn es handelt sich hier um Ausstattungsfragen. Es sollen nur noch kurz in diesem Zusammenhange die Voraussetzungen der Anwendbarkeit des § 1625 erörtert werden.

Alleinige Voraussetzung für die Anwendbarkeit des § 1625 ist, daß die Tochter ein den Betrag einer angemessenen Aussteuer übersteigendes Vermögen besitzt, welches der elterlichen oder vormundschaftlichen Verwaltung unterliegt. Notwendig ist nicht, daß das Vermögen auch der elterlichen Nutznießung unterliegt, diese wird sogar infolge der Verheiratung der Tochter meist fehlen (§ 1661). Der elterlichen Verwaltung des Aussteuernden unterliegt das Tochtervermögen während der Minderjährigkeit der Tochter ohne Rücksicht darauf, ob die Tochter verheiratet ist oder nicht. In der Regel steht die Verwaltung dem Vater zu, unter Umständen jedoch der Mutter (§§ 1684ff). Der vormundschaftlichen Verwaltung des aussteuernden Elternteils kann das Vermögen der Tochter unterliegen, wenn sie nach oder noch vor Eintritt der Volljährigkeit entmündigt ist (§§ 1896ff.), ferner in einigen Fällen der Vormundschaft über Minderjährige (Vormundschaft der leiblichen Eltern über das minderjährige von einem Dritten angenommene Kind, Vormundschaft der nach dem Tode des ersten Mannes zum zweiten Male verheirateten Mutter über das minderjährige Kind erster Ehe), sobald der Aussteuernde als Vormund der Tochter bestellt worden ist. Die uneheliche Mutter kann das Tochtervermögen nur in vormundschaftlicher Verwaltung haben (§§ 1707, 1773, 1778 Abs. 3). Endlich kann das Vermögen der volljährigen Tochter auch der pflegschaftlichen Verwaltung des aussteuerpflichtigen Elternteils unterliegen, sobald die volljährige, nicht unter Vormundschaft stehende Tochter mit

Rücksicht auf ihre körperliche oder geistige Gebrechlichkeit für ihr Vermögen oder ihre Vermögensangelegenheiten in der Person des Vaters oder der Mutter einen Pfleger erhalten hat (§ 1910 Abs. 1, 2). Da die Pflegschaft eine der Vormundschaft verwandte Fürsorge für die Person oder das Vermögen des Pflegebefohlenen ist (arg. § 1915) und ein Grund zur Ausnahme der Pflegschaft nicht besteht, wird § 1625 auf diesen Fall analog anzuwenden sein, sofern nicht schon ohne weiteres angenommen werden kann, daß das Gesetz mit der Erwähnung der vormundschaftlichen Verwaltung auch die pflegschaftliche gemeint habe. — Alle diese Fälle haben gemeinsam, daß dem Elternteil die Verwaltung des Kindesvermögens als gesetzlichem Vertreter zusteht (s. auch Entwurf I § 1500 Abs. 2). Nur in diesen Fällen kann er sich auf § 1625 berufen. Die Auslegungsregel gilt ferner nicht, soweit die Tochter nur Vermögen besitzt, welches der elterlichen Verwaltung nicht unterliegt (§ 1638) oder wenn das Recht des Elternteils zur Vermögensverwaltung erloschen ist (so z. B. nach §§ 1666 Abs. 2, 1647). Notwendig ist die Identität der Person des Zuwendenden und des Vermögensverwalters. Es kann deshalb § 1625 nicht angewendet werden, wenn die elterliche Gewalt des aussteuergewährenden Vaters oder (nach dem Tode des Vaters) die elterliche Gewalt der aussteuergewährenden Mutter ruht (§§ 1676, 1677). Denn im ersten Falle steht der Mutter (§§ 1678, 1685) und im zweiten Falle dem Vormunde (§ 1773), nicht aber dem Aussteuerpflichtigen die Vermögensverwaltung zu.

II. Der Aussteueranspruch.

§ 6.

Rechtliche Natur des Aussteueranspruchs.

I. Auf Grund der Erfahrungen der früheren Partikulargesetze nehmen die Motive (IV S. 717 ff.) an, daß man eine Rechtspflicht der Eltern zur Aussteuerung der Tochter nicht anerkennen dürfe. Der § 1500 des Entwurfs I stellte dementsprechend nur eine moralische, nicht im Klagewege verfolgbare Pflicht der Eltern zur Ausstattung ihrer Kinder auf. Erst in der Kommission für die zweite Lesung wurde beschlossen, die Eltern gesetzlich zur Gewährung einer Aussteuer an die sich verheiratende Tochter anzuhalten (Prot. IV S. 317 ff.). Im übrigen sollte die moralische Verpflichtung der Eltern zur Gewährung einer Ausstattung bestehen bleiben, dabei erweiterte man gleichzeitig den Begriff der Ausstattung. Die in der Begründung durchaus fehlgehende Petition des Bundes der deutschen Frauenvereine an den Reichstag, die Abschaffung der Aussteuerpflicht verlangte (Eck, Vorträge II, 481), blieb mit Recht unberücksichtigt. Der § 1620 des BGB. bestimmt, im Wortlaut ähnlich wie das Sächsische BGB.:

> Der Vater ist verpflichtet, einer Tochter . . . eine angemessene Aussteuer zu gewähren. . . . Die gleiche Verpflichtung trifft die Mutter. . . .

Das Gesetz begründet mithin ein Schuldverhältnis, aus dem sich eine nötigenfalls im Wege des Prozesses und der Zwangsvollstreckung erzwingbare Verpflichtung der Eltern zur Aussteuerung der Tochter ergibt. Durch § 1620 wird das subjektive Recht der Tochter auf Aussteuergewährung, der Aussteueranspruch (§ 194 Abs. 1) begründet. Im Gegensatz hierzu steht der nicht klagbare Ausstattungsanspruch. Nach § 1624 gilt dasjenige, was einem Kinde von Vater oder Mutter zu bestimmten, im Gesetz angegebenen Zwecken zugewendet wird, auch wenn eine Verpflichtung nicht besteht, nicht als Schenkung, soweit nicht die Ausstattung das den Umständen entsprechende Maß übersteigt. Mit diesem Satz bringt das Gesetz zum Ausdruck, daß die Zuwendung einer Ausstattung einer sittlichen Pflicht der Eltern entspricht, daß sie moralisch geschuldet wird. Eine klagbare Verpflichtung der Eltern zur Ausstattung ihrer Kinder besteht nicht, da es an einem gesetzlichen Schuldverhältnisse fehlt. Praktisch spielt die Erzwingbarkeit der Aussteuergewährung keine große Rolle, da die Zuwendung einer Aussteuer im Fall der Verheiratung der Tochter einer allgemeinen Sitte entspricht und in den allermeisten Fällen schon freiwillig erfolgt. Bedeutsam wird sie hauptsächlich nur in den Fällen, in denen die Eltern der Tochter wegen Nichterteilung des Ehekonsenses (§ 1621) die Aussteuer verweigern, sofern die Einwilligung nach § 1305 nicht mehr erforderlich oder der Mangel der elterlichen Einwilligung nach § 1308 durch das Vormundschaftsgericht ersetzt ist. Weiterhin ist das Bestehen einer Rechtspflicht zur Aussteuergewährung in mannigfacher Beziehung wichtig wegen der sich für andere Rechtsgebiete daraus ergebenden Konsequenzen. Es wird hierauf an den einzelnen Stellen der Arbeit noch hinzuweisen sein. Am wichtigsten ist, daß die Gewährung einer angemessenen Aussteuer nicht als Schenkung angesehen werden kann. Die Aussteuerung fällt deshalb z. B. nicht unter § 1446; im Erbrecht ist die Aussteuerung nicht nach §§ 2287 und 2325 zu behandeln.[1]

II. Man kann drei Entstehungsgründe der Schuldverhältnisse unterscheiden. Entweder entsteht ein Schuldverhältnis zufolge Rechtsgeschäfts oder durch Richterakt oder kraft Gesetzes auf Grund eines bestimmt gearteten Tatbestandes. Das Aussteuerschuldverhältnis gehört zu der letzten Kategorie; es ist mit dem Vorhandensein bestimmter vom Gesetz erforderter Tatsachen gegeben. Das Aussteuerschuldverhältnis ist also ein sog. gesetzliches Schuldverhältnis (eine sog. Zustandsobligation). Der Aus-

---

[1] Auf eine Einzelfrage aus dem Konkursrecht soll hier näher eingegangen werden. Als unentgeltliche Verfügung im Sinne des § 32 Nr. 1 KO. und des § 3 Nr. 3 des Anfechtungsgesetzes vom 21. VII. 1879 (20. V. 1898) ist jede Zuwendung aus dem Vermögen des Gemeinschuldners oder Schuldners anzusehen, für die eine gleichwertige und vollständige Gegenleistung nicht gewährt wird (Petersen-Kleinfeller, Komm. zur KO. S. 178; Jäger, Komm. zur KO. S. 258). Eine solche unentgeltliche Verfügung ist die Aussteuergewährung nicht, da sie in Erfüllung einer rechtlichen und im Prozeß erzwingbaren Verpflichtung des Schuldners erfolgt. Der aussteuernde Elternteil hat nicht die Absicht, eine Liberalität auszuüben, sondern sich von einer kraft Gesetzes auf ihm lastenden Schuld zu befreien. Das Entgelt liegt in der Schuldbefreiung und dem Erlöschen des Schuldverhältnisses. Soweit die Aussteuer gemäß § 1620 rechtlich geschuldet ist, d. h. soweit sie das angemessene Maß nicht übersteigt, ist sie also der Anfechtung der Gläubiger in und außerhalb des Konkursverfahrens auf Grund der oben angegebenen Bestimmungen entzogen. Übersteigt die Aussteuer das den Umständen entsprechende Maß — gewährt z. B. ein Vater, der in zerrütteten Vermögensverhältnissen lebt und deshalb nach § 1620 gar nicht oder nur in geringem Umfange aussteuerpflichtig ist, der Tochter eine übermäßig reiche Aussteuer —, so ist die Zuwendung juristisch als Ausstattung aufzufassen, die nach § 1624 als Schenkung gilt, soweit sie das den Umständen entsprechende Maß überschreitet. Insoweit die Aussteuer als Schenkung, als nicht ge-

steueranspruch ist ein Anspruch familienrechtlicher Art. Dies ergibt sich nicht nur rein äußerlich aus der Einreihung der den Aussteueranspruch betreffenden Vorschriften in das 4. Buch des BGB., das Familienrecht — dieses behandelt, wenn auch nur vereinzelt, auch Ansprüche obligatorischen Charakters, z. B. in den §§ 1833, 1848 —, sondern besonders daraus, daß Berechtigung und Verpflichtung die Existenz von Personen, die in bestimmter familienrechtlicher Stellung zueinander stehen, voraussetzen und der Grund der Aussteuerpflicht der Eltern in ihrem Verwandtschaftsverhältnisse zur Berechtigten liegt. An sich könnte der Inhalt des Aussteuerschuldverhältnisses auch den Inhalt eines obligationenrechtlichen Schuldverhältnisses bilden. Für die Auffassung des Aussteuerschuldverhältnisses als obligationenrechtlichen Schuldverhältnisses könnte auch geltend gemacht werden, daß der Aussteueranspruch anders als andere familienrechtliche Ansprüche unbeschränkt aktiv und passiv vererblich ist (s. unten § 13) und der Parteidisposition fast in vollem Umfange unterliegt (s. unten §§ 10, 13). Entscheidend für die Charakterisierung

schuldete, freiwillige unentgeltliche Zuwendung gilt, unterliegt die Zuwendung sowohl nach § 32 Nr. 1 KO. als auch nach § 3 Nr. 3 des Anfechtungsgesetzes der Anfechtung durch die Gläubiger (s. hierzu Entsch. d. OLG. Darmstadt v. 7. 7. 86, Seuff. Arch. XII, 165). Im übrigen wird die Zuwendung nicht angefochten werden können, da nach § 1624 eine sittliche Pflicht (naturalis obligatio) zur Gewährung einer angemessenen Ausstattung besteht. Eine solche reicht wohl aus, um der Zuwendung den Charakter der Liberalität zu nehmen und sie als geschuldete Erfüllungshandlung zu charakterisieren. So Jäger (a. a. O. S. 258) und die dort angegebene Literatur, L. Seuffert (Konkursprozeßrecht S. 214), Endemann (Lehrbuch Bd. II, 2 S. 844), Staudinger (Erl. 3 zu § 1624) u. a. Zu anderem Resultate kommen einerseits Cosack (Lehrb. Bd. I S. 486), der die gesamte Ausstattung, auch soweit sie das angemessene Maß überschreitet, für entgeltlich erklärt und nicht als Schenkung ansieht, andererseits Neumann (II S. 905) und Planck (IV S. 377), die die gesamte Ausstattung (ausgenommen wohl nur die rechtlich geschuldete Aussteuer) als unentgeltliche Verfügung des Schuldners betrachten und für anfechtbar erklären. (Ebenso Landsberg, Pos. Monatsschr. 1903 S. 21 u. RG. 17. 2. 02, Jur. Wochenschr. 1902 S. 218 zunächst nur für Preuß. Recht.) — Eine andere, hier nicht weiter zu verfolgende Frage ist, ob die Gewährung einer Aussteuer, auch soweit sie rechtlich geschuldet war, nicht etwa auf Grund anderer Bestimmungen, z. B. unter den Voraussetzungen des § 30 Nr. 1 KO., angefochten werden kann.

des Aussteuerschuldverhältnisses als eines Schuldverhältnisses familienrechtlicher Art ist jedoch, daß seine Grundlagen bereits mit dem Entstehen des Verwandtschaftsverhältnisses der Beteiligten gelegt werden; die Aussteuerpflicht ist wie die Unterhaltspflicht unmittelbar eine Konsequenz des Verwandtschaftsverhältnisses. Ein Schuldverhältnis freilich ist mit dem Bestehen des Verwandtschaftsverhältnisses noch nicht einmal bedingt vorhanden, der Aussteueranspruch kommt erst mit der äußerlichen Voraussetzung der Verheiratung der Tochter zur Entstehung. Hiernach darf der gesetzliche Aussteueranspruch des § 1620 mit ähnlichen Ansprüchen obligatorischer Art nicht verwechselt werden. Nicht korrekt war der Sprachgebrauch der sächsischen Literatur, die den rein obligatorischen, sich auf Delikt stützenden Entschädigungsanspruch der außerehelich Geschwächten nach § 1551 Sächs. BGB. zuweilen als Ausstattungsanspruch bezeichnete, obwohl dieser Anspruch mit dem Aussteueranspruche des § 1661 Sächs. BGB. in keinerlei Zusammenhang stand (s. auch Grützmann Bd. I S. 114, Bd. II S. 183).

Der Aussteueranspruch ist ein eigenartiger familienrechtlicher Anspruch, der, abgesehen von dem Ausstattungsanspruche, mit keinem anderen familienrechtlichen Anspruche, insbesondere nicht mit dem Unterhaltsanspruche in engerem Zusammenhange steht. Die schon im sächsischen Rechte (z. B. Ztschr. f. Rechtspfl. und Verw. Bd. 41 S. 322, Grützmann II § 211) erörterte Frage, ob der Aussteueranspruch als eine Art des Unterhaltsanspruchs anzusehen sei, verdient auch für das heutige Reichsrecht näher erörtert zu werden, denn ihre Entscheidung ist wegen der praktischen Folgen nicht wenig bedeutungsvoll. Es sei nur darauf hingewiesen, daß im Fall der Bejahung der Frage die Vorschriften der §§ 1601 ff., soweit in den §§ 1620 ff. nichts Abweichendes bestimmt wäre, auch auf den Aussteueranspruch mindestens im Wege der Analogie anzuwenden wären. Jeder Dritte würde ferner unter Umständen als Geschäftsführer ohne Auftrag im Interesse des säumigen Aussteuerpflichtigen dessen Tochter auch gegen seinen Willen eine Aussteuer gewähren und wie ein Beauftragter Ersatz seiner Aufwendungen verlangen können, wenn ohne sein Eingreifen die Aussteuerpflicht des Geschäftsherrn nicht rechtzeitig erfüllt worden wäre (§§ 679, 683). Weiterhin müßte auch z. B. in den Fällen der §§ 528, 529, 829 die Aussteuerpflicht unter den Begriff der Unterhaltspflicht subsumiert werden. — Für die Annahme, daß die Aussteuerpflicht als eine Art der Unterhaltspflicht aufzufassen sei, spricht der Umstand, daß die Rechtssätze über die Unterhaltspflicht denen über die Aussteuerpflicht in verschiedenen Punkten ähneln (man vergleiche hierzu die §§ 1601 und 1620, die §§ 1602 Abs. 1 und 1620 Abs. 1 Satz 1, die §§ 1603 Abs. 1 und 1620 Abs. 1 Satz 1, die §§ 1607 Abs. 1 und 1620 Abs. 1 Satz 2, die §§ 1610 und 1620, die §§ 1611 Abs. 2 und 1621 Abs. 2), sodaß das Gesetz im § 1620 Abs. 2 die analoge Anwendung einiger Vorschriften über die Unterhaltspflicht auf die Aussteuerpflicht anordnen kann. Die Aussteuerung der sich durch die Verheiratung selbständig machenden Tochter erscheint auch gewissermaßen als der Abschluß der Erfüllung der gesetzlichen Unterhaltspflicht. Trotz alledem ist vom Standpunkt des BGB. aus nicht anzunehmen, daß die Aussteuerpflicht ein Teil der Unterhaltspflicht sei, denn bei aller Ähnlichkeit sind beide Pflichten in ihrem Charakter grundverschieden. Der Unterhaltsanspruch, der auf Befriedigung dauernder, immer von neuem auftretender Bedürfnisse gerichtet ist, erneuert sich fort und fort, sofern überhaupt seine Voraussetzungen bestehen bleiben, der Aussteueranspruch dagegen, der auf Befriedigung eines im Leben regelmäßig nur einmal auftretenden Bedürfnisses gerichtet ist, kann für die Berechtigte nicht wieder zur Entstehung kommen, sofern sie für eine Ehe eine Aussteuer erhalten hat (§ 1622, s. unten § 10). Weil der Unterhaltsanspruch die Erhaltung der Existenz des Berechtigten sichern soll und die Erfüllung des Unterhaltsanspruchs im öffentlichen Interesse liegt (bei Nichterfüllung muß unter Umständen die staatliche Armenfürsorge eingreifen), ist ein Verzicht des Berechtigten auf den Unterhaltsanspruch prinzipiell nichtig (§ 1614); ein Verzicht auf den rein vermögensrechtlichen Aussteueranspruch ist zulässig (s. unten § 10). Als vermögensrechtlicher Anspruch erlischt der Aussteueranspruch bei dem Tode des Berechtigten und des Verpflichteten trotz seines höchstpersönlichen Charakters nicht (s. unten § 13), während der Unterhaltsanspruch prinzipiell mit dem Tode sowohl des Berechtigten als auch des Verpflichteten erlischt (§ 1615). Die Tochter kann gegenüber einer Person aussteuerberechtigt sein, ohne gleichzeitig dieser oder einer anderen Person gegenüber unterhaltsberechtigt zu sein und umgekehrt. Anspruchsvoraussetzungen und Inhalt sind bei beiden Ansprüchen verschieden. Bemerkt sei noch, daß im Fall der gesetzlichen Erbfolge bei der Erbauseinandersetzung zwar die Aussteuer, nicht aber die gemäß §§ 1601 ff. empfangenen Unterhaltsleistungen zur Ausgleichung zu bringen sind (§ 2050 Abs. 1, 2). Im Hinblick auf diese Unterschiede wird der Aussteueranspruch, wie dies im Gesetz auch schon durch die äußerliche Anordnung zum Ausdruck gelangt ist, als ein eigenartiger, mit dem Unterhaltsanspruch nicht in Zusammenhang stehender familienrechtlicher Anspruch zu betrachten sein. Indessen liegt es bei der Ähnlichkeit der Behandlung beider Ansprüche nahe, gewisse Rechtssätze aus dem Unterhaltsrecht auf das Aussteuerrecht im Wege der Analogie zu übertragen (§ 1620 Abs. 2, s. auch unten § 8).

III. Der Aussteueranspruch ist ein relatives, nur gegen den im konkreten Falle Verpflichteten zu richtendes Recht. Er unterliegt in erster Linie den §§ 1620 ff., doch ist die Anwendung des Schuldverhältnisrechts nicht ausgeschlossen und in Ermangelung besonderer familienrechtlicher Vorschriften mitunter sogar geboten, soweit sich nicht aus der Natur des Aussteuerschuldverhältnisses etwas anderes ergibt (Planck IV Vorbem. S. 3 ff.).

§ 7.

Aussteuergläubiger und Aussteuerschuldner.

Wie andere familienrechtliche Verbindlichkeiten hat die Aussteuerverbindlichkeit die Eigenart, daß nur bestimmte, in bestimmten familienrechtlichen Beziehungen zueinander stehende Personen als Gläubiger und Schuldner in Betracht kommen können, die gesetzliche Aussteuerpflicht setzt zu ihrer Existenz ein bestimmtes familienrechtliches Verhältnis voraus.

I. Was zunächst die Schuldnerseite betrifft, so sind im § 1620 der Vater und in zweiter Linie die Mutter als Aussteuerpflichtige aufgeführt. Das Gesetz hat im § 1620 nur den ehelichen Vater und die eheliche Mutter im Auge, denn der den § 1620 enthaltende Titel handelt von der rechtlichen Stellung der ehelichen Kinder. Aussteuerpflichtig ist aber auch die uneheliche Mutter, da die Vorschriften der §§ 1616 ff. nach § 1705 auch für das Verhältnis der unehelichen Mutter zu ihrem Kinde Geltung haben. Die uneheliche Mutter hat auch ihrem Kinde gleich der ehelichen Mutter Unterhalt nach den §§ 1601 ff. (s. auch § 1589) zu gewähren. Die Aussteuerpflicht der unehelichen Mutter bestimmt sich, da die Vorschriften in § 1620 Abs. 1 Satz 2 und in § 1607 Abs. 2 auf sie nicht Anwendung finden können, nach dem analog anzuwendenden Satz 1 des Abs. 1 des § 1620. Der Vater ist seiner unehelichen Tochter gegenüber nicht aussteuerpflichtig, denn die §§ 1616 ff. sind auf das Verhältnis des Erzeugers zu seiner außerehelichen Tochter nicht anwendbar (vgl. auch § 1589 Abs. 2). Ausgeschlossen ist natürlich, die Aussteuerpflicht des außerehelichen Erzeugers aus seiner durch §§ 1708 ff. begründeten Unterhaltspflicht abzuleiten (hierzu Süssheim S. 392 ff.). Ist die Tochter dagegen durch nachfolgende Ehe des Erzeugers mit der unehelichen Mutter legitimiert (§ 1719), so ist der Vater der Tochter gegenüber nunmehr aussteuerpflichtig, wie wenn die Tochter als seine eheliche Tochter in der Ehe geboren worden wäre (§§ 1719, 1591 ff.). Im Falle der Legitimation tritt die Aussteuerpflicht der Mutter hinter die nunmehr zur Entstehung gelangende Aussteuerpflicht des Vaters zurück und kommt nur noch subsidiär nach § 1620 Abs. 1 Satz 2 oder § 1607 Abs. 2 zur Entstehung. Die Aussteuerpflicht des unehelichen Vaters wird ferner auch dann begründet, wenn das uneheliche Kind auf Antrag des Vaters durch Verfügung der Staatsgewalt für ehelich erklärt wird und so die rechtliche Stellung eines Kindes des Antragstellers erlangt (§§ 1723, 1736). Die Aussteuerpflicht der unehelichen Mutter bleibt durch diese Art der Legitimation unberührt (§ 1737 Abs. 2); jedoch ist im Gesetz das Verhältnis der beiden Aussteuerverbindlichkeiten zueinander nicht geregelt. Die Tochter könnte sonach die Aussteuer nach ihrem Belieben vom Vater oder der Mutter verlangen, vorausgesetzt natürlich, daß bei beiden die erforderlichen Anspruchsvoraussetzungen gegeben sind. Eine solche Kumulation von Aussteuerpflichten kann aber nicht in dem Willen des

Gesetzes liegen, denn auch die ehelichen Eltern haften nicht gleichzeitig, sondern nur subsidiär (s. auch Bericht der Reichstagskommission S. 144).[1] Es wird zulässig sein, für das Verhältnis der Aussteuerpflichten von Vater und unehelicher Mutter die §§ 1620 Abs. 1 Satz 2 und Abs. 2, 1607 analog zur Anwendung zu bringen, in der Weise, daß die uneheliche Mutter nur unter den dort angegebenen Voraussetzungen subsidiär haftet. Es liegt kein Grund vor, die uneheliche Mutter schlechter zu stellen als die eheliche Mutter. Der Analogieschluß erscheint um so mehr gerechtfertigt, als das Gesetz in dem ähnlichen Falle der Konkurrenz der Unterhaltspflichten das Verhältnis der verschiedenen Unterhaltspflichten in § 1739 entsprechend regelt und den Vater für primär unterhaltspflichtig erklärt. Da die uneheliche Mutter durch die Ehelichkeitserklärung Rechte verliert (s. z. B. § 1738), muß auch billigerweise ihr Pflichtenkreis entsprechend eingeschränkt werden. Genau ebenso liegt der Fall bei der Annahme an Kindesstatt. Wird eine Tochter von einer Person an Kindesstatt angenommen, so erlangt sie die rechtliche Stellung eines ehelichen Kindes des Annehmenden (§ 1757 Abs. 1), wird sie von einem Ehepaare gemeinschaftlich als Kind angenommen, oder wird sie als Kind eines Ehegatten von dem anderen Ehegatten angenommen, so erlangt sie die rechtliche Stellung eines gemeinschaftlichen ehelichen Kindes der beiden Ehegatten (§ 1757 Abs. 2). Für den ersten Fall ergibt sich sonach eine Aussteuerpflicht des annehmenden Mannes oder der annehmenden Frau (§ 1620 Abs. 1 Satz 1), für den zweiten Fall eine Aussteuerpflicht primär des annehmenden Mannes (§ 1620 Abs. 1 Satz 1), sekundär der annehmenden Frau (§§ 1620 Abs. 1 Satz 2 und Abs. 2, 1607). Durch die Annahme an Kindesstatt werden jedoch die leiblichen Eltern von ihrer Aussteuerpflicht nicht frei (§ 1764). Die Tochter würde also auch hier mit der Verheiratung einen Aussteueranspruch sowohl gegen die Annehmenden als auch gegen die leiblichen

[1] Von einem Gesamtschuldverhältnisse (§ 421) könnte übrigens hier keine Rede sein, da es an einer einheitlichen Leistung fehlt: Der Aussteueranspruch ist von vornherein nicht absolut bestimmt, sondern dem Grunde und der Höhe nach von den individuellen Verhältnissen jedes in Anspruch Genommenen abhängig.

Eltern erwerben, da eine gesetzliche Regelung des Verhältnisses der konkurrierenden Ansprüche fehlt. Wohl aber bringt das Gesetz mehrfach zum Ausdruck, daß die Konkurrenz mehrerer Ansprüche zur Befriedigung desselben Bedürfnisses vermieden werden soll (arg. §§ 1739, 1608, 1766, 1606), insbesondere regelt es bei der Lehre von der Annahme an Kindesstatt das Verhältnis der sich aus den §§ 1757, 1601 ff. und §§ 1764, 1601 ff. ergebenden Unterhaltspflichten des Annehmenden und der leiblichen Eltern und zwar zu Gunsten der letzteren (§ 1766 Abs. 1). Dem Willen des Gesetzes entspricht es also wohl nicht, daß der Tochter gleichzeitig zwei Ansprüche auf Aussteuer elektiv zustehen, vielmehr dürfte mit Rücksicht auf die Ähnlichkeit der Fälle die analoge Anwendung des § 1766 zulässig sein (A. M. Brettner, Recht 1900 S. 225, Staudinger, Erl. 3 zu § 1620 u. a.). Durch diese Begünstigung würden die leiblichen Eltern für den Verlust der elterlichen Gewalt über die Tochter, die uneheliche Mutter für den Verlust des Rechts der Sorge für die Person des Kindes (§ 1765 Abs. 1) angemessen entschädigt. Hiernach wären der Annehmende (sei es Mann oder Frau) nach § 1620 Abs. 1 Satz 1 oder das annehmende Ehepaar nach § 1620 Abs. 1 und 2 vor den leiblichen Eltern oder der unehelichen Mutter von der Tochter in Anspruch zu nehmen. Das Verhältnis der Haftung der annehmenden Ehefrau würde sich zu der des annehmenden Ehemannes ebenso wie bei den leiblichen Eltern nach § 1620 Abs. 1 Satz 2 bestimmen. Eine allein annehmende Frau haftet für die Aussteuer nach dem analog anzuwendenden § 1620 Abs. 1 Satz 1. Die Haftung der leiblichen Eltern oder der unehelichen Mutter ist nur dann begründet, wenn die Annehmenden selbst nicht haftbar sind. Im Ergebnis gleich: Dernburg S. 238 und Planck, Erl. 3 zu § 1620. Bemerkt sei noch, daß bereits das Sächs. BGB. im § 1663 ausdrücklich bestimmte, daß im Fall der Annahme an Kindesstatt zunächst der Annehmende und nur, wenn er tot oder vermögenslos wäre, der leibliche Vater oder die leibliche Mutter aussteuerpflichtig seien.

Die Aussteuerpflicht beider Elternteile besteht auch dann, wenn die Ehe der Eltern, aus der die Tochter entstammt, nichtig ist, sobald ein Ehegatte oder beide Ehegatten die Nichtigkeit nicht gekannt haben (§§ 1699 ff.). Haben beide Ehegatten die Nichtigkeit der Ehe gekannt (§§ 1699 Abs. 1, 1703), oder ist die Ehe wegen Formmangels nichtig und fehlt auch der Eintrag ins Heiratsregister, so ist lediglich die Mutter aussteuerpflichtig, denn das Kind gilt als unehelich (§§ 1699 Abs. 2, 1705). Der Vater ist in solchem Falle zwar nach den §§ 1703, 1601 ff. unterhaltspflichtig, dagegen ist er von der Aussteuerpflicht befreit. Ebenso ist, sofern im Fall des § 1348 Abs. 1 beide Ehegatten bösgläubig sind und demzufolge die Ehe nichtig ist, lediglich die Mutter den aus dieser Ehe entstammenden Töchtern aussteuerpflichtig. Ist die Ehe der Eltern nach §§ 1330 ff, 1350 anfechtbar und angefochten worden, so ist sie nach § 1343 Abs. 1 Satz 1 als von Anfang an nichtig anzusehen. Die rechtliche Stellung der aus solcher Ehe entstammenden Töchter ist die gleiche, als wenn die Ehe von vornherein nichtig gewesen wäre (Planck, Erl. 6 zu § 1699). War bei der Eheschließung beiden Elternteilen die Anfechtbarkeit der Ehe bekannt (§ 1343 Abs. 1 Satz 2, § 142 Abs. 2), so hat die Tochter als uneheliches Kind lediglich gegen die Mutter einen Aussteueranspruch. Hat nur ein Ehegatte bei der Eheschließung von der Anfechtbarkeit Kenntnis gehabt oder ist die Ehe wegen Drohung anfechtbar und angefochten worden (§ 1704), so steht dagegen der Tochter gegen beide Elternteile der Aussteueranspruch zu (§§ 1700 bis 1702). Entsprechendes gilt auch, wenn die ursprünglich uneheliche Tochter durch die nichtige oder anfechtbare und angefochtene Ehe der Eltern legitimiert worden ist (§ 1721). — Die Aussteuerpflicht der Eltern bleibt von der Scheidung oder der Auflösung ihrer Ehe nach § 1348 Abs. 2 unberührt, denn durch die Trennung der Ehe wird an dem Verhältnisse zwischen Eltern und Kindern im wesentlichen nichts geändert.

Im konkreten Fall kann zur Aussteuergewährung verpflichtet und der Klage der Tochter gegenüber passiv legitimiert sein auch ein Nichtverwandter, nämlich der Erbe eines Aussteuerpflichtigen (Schuldübergang kraft Gesetzes) oder derjenige, der die Aussteuerschuld durch Rechtsgeschäft übernommen hat (Schuldübergang kraft Rechtsgeschäfts, s. unten § 13). Durch diese Fälle wird jedoch die Regel, daß der Kreis der Aussteuerpflichtigen nur bestimmte, in bestimmtem familienrechtlichen Verhältnisse zueinander stehende Personen umfaßt, nicht durchbrochen, denn in diesen Fällen sind als Aussteuerpflichtige nur der Erblasser und der Urschuldner, in deren Person die Aussteuerschuld entstanden ist, zu bezeichnen. Selbstverständlich liegt eine Ausnahme von der erwähnten Regel auch dann nicht vor, wenn die Aussteuer tatsächlich von einer anderen Person als dem materiell Verpflichteten in dessen Vertretung gewährt wird. Im Fall des § 1902 gewährt der Vormund eines Volljährigen der Tochter seines Mündels aus dem Vermögen des Mündels eine Aussteuer als gesetzlicher Vertreter des Mündels in Erfüllung einer dem Mündel obliegenden Aussteuerpflicht. Auch im Fall des § 1465 Abs. 2 und des § 1538 ist der Ehemann, der einem nicht gemeinschaftlichen, von ihm nicht abstammenden und ihm gegenüber nicht aussteuerberechtigten Kinde eine Aussteuer verspricht oder gewährt, lediglich als stillschweigend beauftragter Vertreter seiner Ehefrau aufzufassen (RGEntsch. vom 11. 2. 1895, Bolze 20, 314).

Nicht aussteuerpflichtig sind außer den bereits Genannten die entfernteren Aszendenten, die Seitenverwandten, die Verschwägerten und Deszendenten. Insbesondere sind nicht aussteuerpflichtig die sog. Stiefeltern, denn auf das Verhältnis zwischen dem Ehegatten und der einseitigen Tochter aus früherer Ehe des anderen Ehegatten, die miteinander nur verschwägert sind (§§ 1589, 1590), finden die §§ 1616ff. nicht Anwendung. Dagegen bleibt die Aussteuerpflicht des überlebenden Ehegatten natürlich unberührt. Pflegeeltern, die regelmäßig in keinem familienrechtlichen Verhältnisse zur Tochter stehen, obliegt als solchen selbstverständlich keine Aussteuerpflicht.[1]

II. Berechtigt, eine Aussteuer zu verlangen, sind nur Töchter. Im Gegensatz zu § 1624, nach dem Ausstattungsempfänger auch

[1] Wird von einer nicht aussteuerpflichtigen Person eine Aussteuer gewährt, so wird diese Zuwendung meist, aber nicht unbedingt als Schenkung zu betrachten sein (s. unten § 9 III hierüber Näheres). Gewährt ein Nichtverpflichteter an Stelle eines Aussteuerpflichtigen der berechtigten Tochter eine Aussteuer, so bestimmen sich die Rechte des Zuwendenden gegen den Verpflichteten nach den Bestimmungen über die Geschäftsführung ohne

Söhne sein können, stellt § 1620 ein Sonderrecht der Tochter auf. Dieser Gegensatz von §§ 1620 und 1624 hat seinen Grund darin, daß die Ausstattung nicht nur aus Anlaß der Verheiratung, sondern auch bei Gelegenheit des Beginns eines Erwerbsgeschäfts oder der Begründung einer Lebensstellung zu gewähren ist, Fälle, in denen auch Söhne ausstattungsbedürftig sind. Ob die Tochter ehelich oder unehelich, in der Ehe geboren oder nachträglich legitimiert oder an Kindesstatt angenommen ist, spielt für die Aussteuerberechtigung keine Rolle, ebenso ob sie etwa bereits wieder verwitwet oder geschieden ist. Notwendig ist nur, daß die aussteuerbegehrende Tochter verheiratet ist oder war, eine ledige Tochter kann keinen gesetzlichen Aussteueranspruch haben. Der Aussteueranspruch steht sowohl der nicht mehr unter elterlicher Gewalt und in selbständiger Wirtschaft und Lebensstellung (separata oeconomia) stehenden als auch der minderjährigen und noch im elterlichen Hause aufhältlichen Tochter zu. Der Ehemann der Tochter ist nicht aussteuerberechtigt. Wohl aber kann er sich durch Vertrag mit den Eltern der Frau selbständig die Gewährung einer Aussteuer ausbedingen. Dann handelt es sich aber

---

Auftrag, sofern die Zuwendung nicht im Auftrage des Verpflichteten erfolgte oder der Zuwendende nicht sonstwie ein Recht aus der Zuwendung gegen den Verpflichteten herleiten kann. Ersatz verlangen kann der Zuwendende also nur dann, wenn das Interesse des Verpflichteten mit Rücksicht auf seinen wirklichen oder mutmaßlichen Willen die Zuwendung verlangte (§§ 677, 683), nicht jedoch, wenn die Zuwendung dem Willen des Verpflichteten widersprach (§§ 679, 678, s. oben § 6). Auch die durch eine nicht aussteuerpflichtige Mutter an Stelle des aussteuerpflichtigen Vaters erfolgte Aussteuerung der Tochter charakterisiert sich als Geschäftsführung ohne Auftrag. Während die Mutter aber auf Grund der §§ 677ff. gegen den aussteuerpflichtigen Mann Ansprüche unter Umständen nicht erheben kann, gibt ihr das Gesetz durch §§ 1620 Abs. 2, 1607 Abs. 2 Satz 2 unter den dort angegebenen Voraussetzungen ein Regreßrecht gegen den Mann, auf das (unten § 8) noch näher einzugehen sein wird. Allerdings ist im Falle des § 1607 Abs. 2 die Mutter auch selbst neben dem Manne aussteuerpflichtig. — Ob der aussteuerpflichtige Vater durch Rechtsgeschäfte der ihn bei der Beschaffung der Aussteuer vertretenden Ehefrau gegenüber Dritten direkt haftbar wird, entscheidet sich nach § 164 Abs. 1; die Aussteueranschaffung liegt nicht im Bereiche der Schlüsselgewalt der Ehefrau (§ 1357, s. auch OLG. Rostock v. 29. 12. 85 Seuff. Arch. Bd. 14 Nr. 109).

um ein nach Obligationenrecht zu beurteilendes Mitgiftversprechen gegenüber dem Manne (s. unten § 9 III), nicht um das gesetzliche Aussteuerrecht der Tochter.

III. Was das Übergangsrecht betrifft, so bestimmt sich das Rechtsverhältnis der vor 1900 ehelich geborenen Tochter gegenüber den Eltern vom Inkrafttreten des BGB. ab nach dem Reichsrecht (Art. 203 EG.). Jeder ehelichen Tochter, die nach 1900 eine Ehe schließt, erwächst mithin ein Aussteueranspruch nach neuem Rechte, auch wenn ein solcher nach dem einschlagenden alten Rechte nicht begründet gewesen sein sollte. Ob die vor 1900 geborene Tochter ehelich ist, bestimmt sich nach altem Recht, ebenso ist nach altem Rechte zu untersuchen, inwieweit die aus vor 1900 geschlossener nichtiger oder ungültiger Ehe hervorgegangenen oder vor 1900 außerehelich, insbesondere im Brautstande erzeugten sowie die vor 1900 legitimierten oder an Kindesstatt angenommenen Töchter die rechtliche Stellung von ehelichen Töchtern und inwieweit Vater und Mutter die Rechte und Pflichten ehelicher Eltern haben (Art. 207, 208 Abs. 2, 209 EG.). Was beispielsweise das sächsische Recht anbelangt, so haben adoptierte und per subsequens matrimonium oder per rescriptum principis legitimierte Kinder, ferner Brautkinder und Kinder aus nichtiger Ehe bei Gutgläubigkeit mindestens eines Ehegatten, von geringfügigen Modifikationen abgesehen, die volle rechtliche Stellung eines ehelichen Kindes (§§ 1797, 1780, 1783, 1578, 1771, 1782 Sächs. B.GB.). Wenn das alte Recht nach Art. 209 EG. darüber entscheidet, welche Rechte und Pflichten Kinder und Eltern haben, so beurteilen sich der Inhalt der den Kindern und den Eltern zustehenden Rechte und obliegenden Pflichten und die Wirkungen des Rechtsverhältnisses gemäß Art. 203 EG. vom 1. Januar 1900 ab nach neuem Rechte. Das vor 1900 geborene sächsische Brautkind weiblichen Geschlechts kann also für eine nach 1900 geschlossene Ehe eine Aussteuer nach § 1620 ff. von Vater oder Mutter beanspruchen (s. auch Mothes, Centralbl. 4 S. 248). Macht eine angenommene Tochter für eine nach 1900 eingegangene Ehe einen Aussteueranspruch geltend, so ist es deshalb auch gleichgültig, ob die Adoption bereits vor oder erst nach dem 1. Januar 1900 rechtliche Wirksamkeit erlangte, sofern nur die Wirkungen der Adoption nach altem Recht die gleichen wie im neuen Recht sind (Art. 209, s. hierzu Kammerger. Entsch. v. 6. 2. 03, R. d. OLG. 7 S. 72); der Inhalt des Aussteueranspruchs bestimmt sich jedenfalls nach neuem Recht (Art. 203 EG.). Hat die Tochter die Ehe bereits vor 1900 geschlossen, so bestimmt sich nach altem Recht, ob sie einen Aussteueranspruch erworben hat; ein bereits vor 1900 entstandenes Aussteuerschuldverhältnis ist auch nach 1900 noch nach altem Recht zu beurteilen (Analogieschluß aus Art. 170 EG.; Entsch. d. OLG. Frankfurt v. 11. 7. 00, R. d. OLG. I, 176 und die dort angegebene Literatur). Es tritt aber die Verjährung des vor 1900 entstandenen und nach altem Recht einer längeren Verjährungsfrist als der des BGB. unterliegenden, beim Inkrafttreten des BGB. noch nicht verjährten Aussteueranspruchs unter Umständen (vgl. aber Art. 169 Abs. 2 Satz 2 EG.) bereits nach Ablauf der kurzen Verjährungsfrist des BGB. am Ende des Jahres 1900 ein (Art. 169 Abs. 2 Satz 1 EG.).

§ 8.

Voraussetzungen des Aussteueranspruchs.

Das Gesetz bestimmt im § 1620 die Voraussetzungen, unter denen Vater und Mutter aussteuerpflichtig werden. Die Anspruchsvoraussetzungen sind für Vater und Mutter verschieden bestimmt; wie sich zeigen wird, ist die Aussteuerpflicht der Mutter außer von den allgemeinen noch von besonderen Anspruchsvoraussetzungen abhängig.

I. Die Verpflichtung des Vaters zur Aussteuergewährung entsteht bei dem Zusammentreffen bestimmter positiver und negativer Voraussetzungen.

1. Die erste Voraussetzung ist, daß die Tochter eine nach den bürgerlichen Gesetzen gültige Ehe geschlossen hat; die absolut nichtige Ehe begründet keinen Aussteueranspruch.[1] Sind

[1] Die Nichtigkeit einer wegen Formmangels nichtigen Ehe, die nicht im Heiratsregister eingetragen ist, kann der in Anspruch Genommene ohne weiteres geltend machen, sonst kann jedoch die Nichtigkeit der Ehe der Tochter nur im Wege der Nichtigkeitsklage geltend gemacht werden (§ 1329),

beim Eheschluß nur die kirchlichen Formen beobachtet worden, so besteht keine Ehe im Rechtssinne. Andererseits kann die Aussteuer wegen Nichterfüllung der kirchlichen Verpflichtungen durch die Tochter nicht verweigert werden, wenn nur die Ehe nach bürgerlichem Recht gültig geschlossen ist. Mit dem Abschlusse der Ehe (§ 1317) kommt der Aussteueranspruch zur Existenz, der Eheabschluß ist daher von der Tochter bei der Geltendmachung ihres Aussteueranspruchs zu beweisen. Die spätere Auflösung der Ehe durch Tod eines Ehegatten oder durch Scheidung berührt den einmal entstandenen Aussteueranspruch nicht, gleichviel, ob noch ein Aussteuerbedürfnis besteht oder nicht.

Da von Türcke (Jur. Ztg. 1901 S. 409, vgl. auch Franke, Recht 1901, 587) mit Entschiedenheit gegen die gemeine Meinung der Standpunkt vertreten wird, der Aussteueranspruch käme bereits vor dem Eheschluß zur Existenz, kann daran nicht ohne Stellungnahme vorübergegangen werden. Türcke sucht zu begründen, daß der Aussteueranspruch bereits mit dem Zeitpunkte der Verlobung oder spätestens in dem Zeitpunkte, „in dem die Eheschließung als gesichert betrachtet werden kann“, zur Entstehung käme. Der von ihm angeführte Gesichtspunkt, die Aussteuerung ermögliche erst die Eheschließung, kann aber gegenüber dem klaren Wortlaute des Gesetzes nicht als maßgebend anerkannt werden. Praktische Gründe sprechen vielmehr gegen ein Aufgeben des immer sicher bestimmbaren Zeitpunkts der Eheschließung und die von Türcke beabsichtigte Verlegung des Zeitpunktes der Entstehung des Aussteueranspruchs auf den zuweilen nur schwierig zu bestimmenden Zeitpunkt der Verlobung oder den noch unsichereren Zeitpunkt, „in dem die Eheschließung als gesichert betrachtet werden kann“ (so auch Sprenger, Civ. Arch. Bd. 92 S. 435ff., vgl. auch David, Recht 1901, 533). Nach dem Sinne des Gesetzes ist die Aussteuer nicht zuzuwenden, damit eine Verheiratung stattfinden könne, sondern aus Anlaß der Ver-

zu deren Erhebung auch der Aussteuerpflichtige befugt ist, da seine Aussteuerpflicht von der Gültigkeit der Ehe abhängt (§ 632 CPO.). Ist die Ehe der Tochter anfechtbar (§§ 1330ff.), so kann der Aussteuerpflichtige die Aussteuergewährung zunächst nicht verweigern, doch steht ihm im Fall erfolgreicher Anfechtung der Ehe (§ 1343) ein Rückforderungsrecht zu (§ 812).

heiratung, deshalb, weil eine Verheiratung stattfindet. Dies kommt durch die Worte „im Fall ihrer Verheiratung" deutlich zum Ausdruck (s. auch STAUDINGER, Erl. 7 b zu § 1620) und ergibt auch ein Vergleich mit § 1624, nach dem die Ausstattung, deren Gewährung nicht an einen bestimmten Zeitpunkt gebunden ist, „mit Rücksicht auf die Verheiratung" zugewendet wird (OPET S. 149). Insoweit mit Recht stellt das OLG. Jena (Entsch. v. 18. 2. 01, R. d. OLG. II, 441) in Übereinstimmung mit den Kommissionsprotokollen (IV, 321) die Verheiratung der Tochter als eine notwendige Voraussetzung des Entstehens der Aussteuerpflicht und der Möglichkeit der Leistungsklage auf.[1] Überdies ist der Zeitpunkt der Eheschließung auch für die Frage der Angemessenheit der Aussteuer, der Leistungsfähigkeit des Aussteuerpflichtigen und für den Beginn der Anspruchsverjährung maßgebend. Aus §§ 1623 Satz 2, 198 ergibt sich nach der gemeinen Meinung (s. bes. Prot. IV, 323 und Kammerger. Entsch. v. 6. 2. 03, R. d. OLG. VII, 72) ein weiteres Argument dafür,

[1] Diese Annahme des OLG. Jena läßt die in derselben Sache ergangene Revisionsentscheidung des Reichsgerichts vom 17. 6. 1901 (Entsch. i. C. Bd. 49 S. 370), die im übrigen das OLG. reformiert, unangefochten. Nicht zu billigen ist jedoch die Auffassung des OLG. Jena, es handele sich um eine condicio juris. Das Reichsgericht erkennt in seiner Entscheidung lediglich die Zulässigkeit der Feststellungsklage der Tochter gegen den Vater bereits vor der Verheiratung an, läßt aber die Frage der Zulässigkeit der Leistungsklage unentschieden. Die Leistungsklage ist vor der Verheiratung der Tochter unzulässig, da sie das Bestehen eines Schuldverhältnisses voraussetzt. Wohl aber ist nach Ansicht des Reichsgerichts Klage auf künftige Leistung (nach § 259 CPO.) schon vor Verheiratung der Tochter zulässig, da zur Klage nach § 259 CPO. die Existenz eines Schuldverhältnisses nicht erforderlich sei und es genüge, wenn die Entstehung des Schuldverhältnisses von dem künftigen Eintritt eines Tatbestandsmomentes abhängig sei (RGEntsch. v. 16. 5. 04, Jur. Wochenschr. 1904 S. 389 u. Entsch. Bd. 58 S. 139). Ob diese dem praktischen Bedürfnisse entgegenkommende Entscheidung nach dem Sinn und Zweck des § 259 CPO. gerechtfertigt ist, kann hier nicht näher untersucht werden, da es sich um prozessuale Fragen handelt (s. hierzu HELLWIG, Anspruch und Klagrecht S. 381, OLG. Stuttgart, Jahrb. d. württemb. Rechtspfl. 15 S. 9). Jedenfalls hebt das Reichsgericht in der zuletzt genannten Entscheidung ausdrücklich hervor, daß das Verlangen der Tochter auf Gewährung der Aussteuer schon vor der Eheschließung jedes Rechtsgrundes entbehrt.

daß der Aussteueranspruch mit der Verheiratung der Tochter zur Entstehung kommt. Türcke ist nun insoweit recht zu geben, daß die Fassung des § 1623 Satz 2 an sich allerdings der Deutung Raum gibt, das Gesetz wolle durch die Worte „von der Eingehung der Ehe an“ die Verjährung des Anspruchs in einem späteren Zeitpunkte als dem des Entstehens des Anspruchs beginnen lassen. Es kann auch aus §§ 1623, 198 nicht geschlossen werden, daß jeder Anspruch in dem für den Beginn seiner Verjährung maßgebenden Zeitpunkte entsteht (so mit Recht Staudinger, Erl. 7[b] zu § 1620). Jedoch ist die Schlußfolgerung Türckes, § 1623 Satz 2 bilde ebenso wie § 201 eine Ausnahme von der Regel des § 198 insofern, als in beiden Fällen die Verjährung erst in einem nach dem Entstehen des Anspruchs liegenden Zeitpunkte beginne, mit Rücksicht auf § 1620 nicht gerechtfertigt. Denn wenn sich aus § 1620, wie dargelegt, ergibt, daß der Aussteueranspruch mit der Verheiratung entsteht, so erscheinen die Worte „von der Eingehung der Ehe an“ überflüssig, weil sie nur eine Bestätigung der sich auch sonst aus §§ 1620, 198 ergebenden Schlußfolgerung enthalten. § 1623 Satz 2 ist deshalb dahin zu deuten, daß das Gesetz den Verjährungsbeginn nicht abweichend von § 198 bestimmen, sondern den allgemeinen Grundsätzen entsprechend ausdrücklich klarstellen wolle. Eine Gleichstellung des § 1623 Satz 2 mit § 201 ist nicht am Platze, denn § 201 ist eine ganz singuläre Bestimmung, die nur den praktischen Bedürfnissen des Geschäftslebens Rechnung tragen soll. (Planck, Erl. zu § 201, Mot. I, 130). Wenn das Gesetz, wofür kein Grund ersichtlich ist, den Zeitpunkt des Verjährungsbeginnes abweichend von § 198 auf einen späteren Zeitpunkt als den der Nativität des Anspruchs hätte verlegen wollen, so würde es auch den Zeitpunkt des Entstehens des Aussteueranspruchs durch ausdrückliche Bestimmung außer Zweifel gestellt haben. — Hiernach dürften die Ausführungen Türckes als Vorschläge und Erwägungen de lege ferenda zu betrachten sein. Es mag zugegeben werden, daß im Einzelfall die Tochter ein Interesse haben kann, bereits vor Eheschluß den Aussteueranspruch geltend zu machen. Für diesen Fall steht ihr aber die Feststellungsklage und nach der Ansicht des Reichsgerichts auch die Klage auf künftige Leistung mit der Möglichkeit der Vollstreckung des Urteils gleich nach der Verheiratung zu. Das Recht, bereits vor der Verheiratung die Anlegung eines Arrestes zu verlangen, muß der Tochter auch beim Vorhandensein der sonstigen Arrestvoraussetzungen allerdings versagt werden, da ihr Aussteueranspruch vor der Verheiratung noch nicht, nicht einmal bedingt vorhanden ist (Gaupp-Stein, Erl. II zu § 916 CPO., RG. v. 16. 5. 04, Jur. Wochenschr. 1904 S. 389), ebensowenig ist Raum für eine einstweilige Verfügung, da es sich hier nicht um eine Individualleistung oder einstweilige Regelung eines Zustandes handelt (s. unten § 9, Gaupp-Stein, Erl. zu § 935, 940 CPO.; a. M. Staudinger, Erl. 7^b zu § 1620).

2. Weiterhin ist die Aussteuerpflicht des Vaters durch seine Leistungsfähigkeit bedingt. Der Vater ist zur Aussteuergewährung nur verpflichtet, soweit er bei Berücksichtigung seiner sonstigen Verpflichtungen ohne Gefährdung seines standesmäßigen Unterhalts dazu imstande ist. Die Leistungsfähigkeit des Vaters bemißt sich vor allem nach seinem Vermögen und seinem Einkommen, ferner aber auch nach seiner Erwerbsfähigkeit bei einer den Bildungs- und Standesverhältnissen entsprechenden Beschäftigung. Diese zunächst nur für die Unterhaltspflicht geltenden Grundsätze (Mot. IV S. 685) müssen auch auf die Erfüllung der Aussteuerpflicht entsprechend angewandt werden, wie überhaupt die Leistungsfähigkeit des Vaters in Ansehung der Aussteuerpflicht ebenso wie in Ansehung der Unterhaltspflicht (§ 1603 Abs. 1) zu bestimmen ist (Planck IV, 374). Im Falle des gesetzlichen Güterstands der Verwaltungsgemeinschaft erhöht sich die Leistungsfähigkeit des Vaters durch Berücksichtigung der Erträgnisse der Nutznießung am eingebrachten Gute der Ehefrau und in jedem Falle durch Berücksichtigung der Erträgnisse der Nutznießung am Vermögen der Kinder. Die Unpfändbarkeit dieser Nutznießungsrechte bleibt außer Betracht. Lebt der aussteuerpflichtige Vater mit seiner Ehefrau im Güterstande der allgemeinen Gütergemeinschaft, der Errungenschafts- oder der Fahrnisgemeinschaft, so wird es bei der Beurteilung seiner Leistungsfähigkeit so angesehen, als ob das Gesamtgut ihm allein gehörte (§ 1620 Abs. 2, 1604 Abs. 2 Satz 1). Außerdem ist bei der allgemeinen Güter-

gemeinschaft das Sondergut und Vorbehaltsgut (§§ 1439, 1440ff.), bei der Errungenschafts- und Fahrnisgemeinschaft das eingebrachte Gut (§§ 1520ff., 1550ff.) des Mannes zu berücksichtigen. Hat in den erwähnten Fällen der vom gesetzlichen abweichenden Güterstände ein Elternteil eine nicht gemeinschaftliche Tochter auszusteuern, so ist ihr die Aussteuer aus dem Gesamtgute so zu gewähren, als ob die Berechtigte zu dem nicht aussteuerpflichtigen Ehegatten in demselben Verwandtschaftsverhältnisse stände, wie zu dem Aussteuerpflichtigen; die Töchter beider Elternteile sind also insoweit in jedem Falle als gemeinschaftliche Töchter anzusehen (§ 1620 Abs. 2, § 1604 Abs. 2 Satz 2, Opet S. 150 Nr. 36 gegen Fischer-Henle, Erl. 8 zu § 1620). Praktisch trägt stets das Gesamtgut die Aussteuer und zwar auch im Verhältnisse der Ehegatten zueinander (Planck, Erl. zu § 1465). Gilt in der Ehe der Eltern Gütertrennung, so ist für die Bestimmung der Leistungsfähigkeit lediglich das eigne Vermögen jedes einzelnen Elternteils maßgebend. — Leistungsunfähig wird regelmäßig der Elternteil dann sein, wenn über sein Vermögen das Konkursverfahren eröffnet worden ist. Der während des Konkursverfahrens des Elternteils sich verehelichenden Tochter wird deshalb ein Aussteueranspruch regelmäßig nicht erwachsen. Hingegen kann ein vor der Konkurseröffnung bereits entstandener Anspruch im Konkursverfahren des Verpflichteten als Konkursforderung geltend gemacht werden (§ 3, § 61 Z. 6 KO.).

Durch die Aussteuerung darf der standesmäßige Unterhalt des Aussteuerpflichtigen nicht gefährdet werden. Was zum standesmäßigen Unterhalte gehört, ist im Einzelfall unter Berücksichtigung der Bedürfnisse des Standes und der Lebensstellung des Verpflichteten festzustellen. Ob die Gefährdung sofort oder erst in Zukunft zu besorgen ist, kommt nicht in Betracht. Ein Vermögen, welches der Vater voraussichtlich für die Zeit seiner späteren Erwerbsunfähigkeit braucht, kann bei der Berechnung der Leistungsfähigkeit nicht zu ungunsten des Vaters in Anschlag gebracht werden. Zu berücksichtigen sind ferner die „sonstigen Verpflichtungen“ des Aussteuerpflichtigen, und zwar nicht nur solche des Familienrechts, sondern auch solche obligationen- oder sachenrechtlicher Natur. Hat der Aussteuerpflichtige gleichzeitig mehrere Töchter auszusteuern, so ist für jeden Aussteueranspruch die Konkurrenz der anderen Aussteueransprüche in Betracht zu ziehen. Die Töchter beschränken sich in solchem Fall gegenseitig. Übersteigen die Verbindlichkeiten des Vaters sein Vermögen, so muß dieses Vermögen überhaupt außer Betracht bleiben.[1]

Leistungsfähigkeit und Standesmäßigkeit bestimmen sich nach den zur Zeit des Entstehens des Aussteueranspruchs obwaltenden Umständen unabhängig von späteren Veränderungen.

Die Beweislast für die Leistungsfähigkeit des in Anspruch Genommenen trifft, da die Leistungsfähigkeit Klagvoraussetzung ist, nach allgemeinen Grundsätzen die Tochter (ebenso Planck, Erl. zu § 1620; Leonhard, Beweislast S. 426; Staudinger, Erl. 8c zu § 1620; Entsch. d. OLG. Darmstadt v. 4. 7. 02, Zeitschr. f. deutsch. Bürg. R. u. franz. Civilrecht Bd. 33 S. 610). A. M. unter anderen Opet (S. 80, 156, 151), der hier § 1603 analog anwenden will, und Dernburg (S. 238), der dem Vater den Beweis seiner Leistungsfähigkeit deshalb auferlegt, weil es Prozeßschikane wäre, sich auf das Leugnen von Tatsachen zu beschränken, über die der Vater am besten Auskunft geben könnte. Die

[1] Wenn der Aussteuerpflichtige mit einem Dritten einen sog. Aussteuerversicherungsvertrag abgeschlossen hat, wonach der Dritte gegen Zahlung bestimmter Vergütungen im Falle der Verheiratung der Tochter des Aussteuerpflichtigen eine vertragsmäßig bestimmte Summe zur Anschaffung der Aussteuer der Tochter zu zahlen hat, so stehen die Rechte aus dem Vertrage nur dem Aussteuerpflichtigen als Kontrahenten zu; nach dem Inhalte des Vertrages erwirbt jedoch möglicherweise die Tochter den Anspruch auf Auszahlung der Versicherungssumme unmittelbar (s. § 328). Im ersten Falle kommt die Versicherungsforderung des Aussteuerpflichtigen bei der Bemessung seiner Leistungsfähigkeit mit in Betracht wie jeder andre Vermögensbestandteil. Doch hat die Tochter kein Recht, die Verwendung der Versicherungssumme zur Aussteueranschaffung zu verlangen. Hat die Tochter unmittelbar den Anspruch auf Auszahlung der Versicherungssumme erworben und reicht der Betrag der auszuzahlenden Versicherungssumme zur Anschaffung einer angemessenen Aussteuer aus, so ist die Tochter — von der Bonität der Versicherungsforderung natürlich abgesehen — nicht aussteuerbedürftig und deshalb nicht aussteuerberechtigt (s. unten). Der Erwerb der Versicherungsforderung schließt jedoch die Aussteuerberechtigung nicht aus, wenn die Tochter das aus dem Vertrage erworbene Recht zurückweist, wozu sie berechtigt ist, solange sie das Recht nicht angenommen hat (Planck, Erl. 3 zu § 333).

Stellung der klagenden Tochter ist hier ungünstiger als bei der Klage auf Erfüllung der Unterhaltspflicht; nach der Fassung des § 1603 obliegt dem in Anspruch genommenen Unterhaltspflichtigen der Beweis der von ihm auf Grund § 1603 erhobenen Einwendung der Leistungsunfähigkeit. Der von Opet beabsichtigten analogen Anwendung des § 1603 steht entgegen, daß im Falle des § 1620 die Leistungsfähigkeit Anspruchsvoraussetzung, im Falle des § 1603 die Leistungsunfähigkeit Einwendung ist. Eine Abweichung von dem allgemeinen Grundsatze, daß der Beweis für eine Anspruchsvoraussetzung dem Kläger obliegt, können auch die Dernburgschen Gründe nicht rechtfertigen.

3. Außer den vorerwähnten positiven Voraussetzungen stellt das Gesetz noch das negative Erfordernis auf, daß die Tochter nicht ein zur Beschaffung der Aussteuer ausreichendes Vermögen besitzt, oder positiv ausgedrückt: die Tochter muß aussteuerbedürftig sein. Die Behauptung der Aussteuerbedürftigkeit gehört zur schlüssigen Begründung der Klage auf Gewährung der Aussteuer. Nur wenn die Tochter ein zur Beschaffung der Aussteuer ausreichendes Vermögen hat, ist ein Aussteueranspruch für sie nicht begründet; ist die Tochter imstande, durch eigne Arbeit oder vom Betrage ihrer Einkünfte sich eine Aussteuer anzuschaffen, so beeinträchtigt dies ihren Aussteueranspruch nicht. Auch braucht sich die Tochter nicht darauf verweisen zu lassen, daß ihr Ehemann, etwa aus früherer Ehe, schon Aussteuergegenstände besitzt (OLG. Hamburg v. 7. 6. 01, R. d. OLG. III, 247). Ob die Tochter ihr Vermögen selbst in Besitz hat oder ob es vom gesetzlichen Vertreter, etwa vom Aussteuerpflichtigen verwaltet wird, ist für die Frage der Begründung des Aussteueranspruchs gleichgültig (ähnlich auch OLG. Darmstadt v. 4. 7. 02 a. a. O.). Der Vermögensverwalter ist verpflichtet, der Tochter den zur Aussteuerbeschaffung erforderlichen Teil ihres Vermögens zur Verfügung zu stellen, falls er die Aussteuer nicht selbst anschaffen will.

Der Aussteueranspruch der Tochter ist nur dann ausgeschlossen, wenn das eigne Vermögen der Tochter zur Beschaffung einer angemessenen Aussteuer vollständig ausreicht. Die Tochter, deren Vermögen nur teilweise ausreicht, kann den Aussteueranspruch wie die vollständig vermögenslose erheben. In der Literatur wird meist behauptet, der Aussteueranspruch der Tochter sei ohne Rücksicht auf die Größe des Vermögens der Tochter insoweit ausgeschlossen, als das eigne Vermögen der Tochter zur Aussteueranschaffung ausreiche (so auch PLANCK, Erl. 2 zu § 1620). Dem widerspricht aber der Wortlaut des Gesetzes. Es heißt im Gesetz ausdrücklich: „und (ergänze: wenn) nicht die Tochter ein zur Beschaffung der Aussteuer ausreichendes Vermögen hat."[1] Wenn die von der gemeinen Meinung vertretene Ansicht dem Gesetzestexte entsprechen sollte, müßte das Gesetz lauten: „und (soweit) nicht das eigne Vermögen der Tochter zur Beschaffung der Aussteuer ausreicht."[2] Auch die Mutter ist nach § 1620 Abs. 1 Satz 2 aussteuerpflichtig, nicht soweit der Vater zur Aussteuergewährung außerstande ist, sondern wenn, d. h. sofern er dazu nicht imstande ist. Nach der gemeinen Meinung müßte sich die Tochter einen Teil der Aussteuer, soweit ihr Vermögen reicht, selbst beschaffen, der Rest wäre vom Aussteuerpflichtigen zuzuwenden. Auf diese Weise würde — wohl nicht im Sinne des Gesetzes — die als Leistung eines Sachinbegriffs durchaus einheitlich gedachte Aussteuerleistung in einzelne Teilleistungen zerspalten. Würde der Aussteuerpflichtige die gesamte Aussteuer, auch soweit sie nicht geschuldet wäre, zuwenden, so würde die Zuwendung nur zum Teil als Aussteuer, zum andern Teile jedoch als Ausstattung im Sinne des § 1624 aufzufassen sein. Dann wäre aber die notwendige einheitliche Behandlung der Zuwendung unmöglich. Ob ein Gegenstand als zur Aussteuer oder zur Ausstattung gehörig anzusehen und demgemäß die Gewährleistungspflicht hinsichtlich des Gegenstands strenger oder beschränkter zu bestimmen wäre (s. unten § 16), dürfte oft zweifelhaft bleiben. Wollte man zur Vermeidung dieser Zweifelsfragen die Gewährleistungspflicht für sämtliche zugewendete Gegenstände einheitlich bestimmen, so entstünde wiederum die Frage, ob man die für die Aussteuer oder die für die Ausstattung geltenden Grundsätze

---

[1] Der Konjunktion „soweit" kommt für diesen Halbsatz keine Bedeutung zu.

[2] Vgl. auch die Fassung des § 1602 Abs. 2.

zur Anwendung bringen solle. — Der hier vertretenen Ansicht sind wohl Opet (S. 150) und anscheinend auch die Kommissionsprotokolle (IV S. 320).

Wie die Tochter die Leistungsfähigkeit des in Anspruch Genommenen zu beweisen hat, so trifft sie auch die Beweispflicht für ihre Aussteuerbedürftigkeit als einer Anspruchsvoraussetzung, denn nach allgemeinen Grundsätzen obliegt die Beweislast für anspruchsbegründende Behauptungen stets der behauptenden Partei ohne Unterschied, ob die Behauptung positiv oder negativ gefaßt ist; auch der Beweis einer Negative ist möglich (RGEntsch. 54 S. 371; Wach, Beweislast nach BGB. S. 42). Die Ausführungen Plancks (IV, 374, I, 45ff., ebenso Staudinger, Erl. 8^b zu § 1620), die Beweislast dafür, daß das Vermögen der Tochter ausreiche, sei nach der Stellung des Wortes „nicht" dem Elternteil auferlegt, finden im Gesetz keinen Anhalt. Wenn vom Gesetzgeber beabsichtigt worden ist, durch die Stellung des Wortes „nicht" die Beweislastverteilung zum Ausdruck zu bringen (Prot. VI, 384), so läßt sich dies aus dem Gesetz nicht erkennen. Das Gesetz muß deshalb unabhängig von den Gesetzesmaterialien nach seinem erkennbaren Sinn und mit Berücksichtigung der allgemeinen Grundsätze ausgelegt werden. Die Plancksche Beweisregel kann dann keine Anwendung finden, wenn innere Gründe der Anwendung widersprechen (Wach a. a. O. S. 23ff., 30; Leonhard, Beweislast S. 128ff.). Da kein Grund vorliegt, von den allgemeinen Beweislastgrundsätzen abzuweichen, lassen sich wenigstens hier aus der Wortstellung keine Schlüsse ziehen. Zu beachten ist, daß nach allgemeinen Grundsätzen auch der Unterhaltsgläubiger seine Bedürftigkeit zu beweisen hat (§ 1602). Opet hält ebenfalls (S. 150) die Tochter für beweispflichtig, hingegen meint er — insoweit zu Unrecht —, der Elternteil müsse seine Leistungsunfähigkeit beweisen. Der hier vertretnen Meinung ist u. a. auch Leonhard (a. a. O. S. 426), der der Tochter gleichfalls die Beweislast sowohl für ihre Aussteuerbedürftigkeit als auch für die Leistungsfähigkeit des Elternteils auferlegt. Fehl geht Fischer-Henle (Erl. 4 zu § 1620), der den in Anspruch genommenen Elternteil mit dem Beweise seiner Leistungsunfähigkeit und der Nichtbedürftigkeit der Tochter belasten will.

II. Nach § 1620 ist die Verpflichtung der Mutter zur Aussteuergewährung ähnlich wie ihre Verpflichtung zur Unterhaltsgewährung (§ 1606 Abs. 2) lediglich subsidiär. In erster Linie ist der Vater in Anspruch zu nehmen. Ein Antrag, eine gesamtschuldnerische Haftung beider Ehegatten zu begründen, wurde von der Reichstagskommission abgelehnt (Kommissionsbericht S. 144). Der Eintritt der Haftung der Mutter wird im § 1620 Abs. 1 Satz 2 und Abs. 2 an bestimmte besondere Voraussetzungen geknüpft. Im übrigen „trifft die Mutter die gleiche Verpflichtung" wie den Vater. Darin liegt nicht nur, daß die Verpflichtung der Mutter der des Vaters an Inhalt und Umfang gleichartig ist, sondern auch, daß sie durch dieselben Voraussetzungen wie die Aussteuerpflicht des Vaters bedingt wird. Die für die Aussteuerpflicht des Vaters im § 1620 Abs. 1 Satz 1 aufgestellten Voraussetzungen kann man, da sie für Vater und Mutter gemeinschaftlich gelten, als die allgemeinen Voraussetzungen der Aussteuerpflicht bezeichnen. Die Aussteuerpflicht der Mutter tritt bei dem Zusammentreffen der allgemeinen Voraussetzungen des § 1620 Abs. 1 Satz 1 mit einer der im § 1620 Abs. 1 Satz 2 und § 1607 Abs. 2 Satz 1 genannten besonderen Voraussetzungen ein.

Die Vorschriften des § 1620 Abs. 1 Satz 1 sind auf die Aussteuerpflicht der Mutter analog anzuwenden; es wird hierfür auf das oben unter I Gesagte verwiesen. Hinzuzufügen ist noch folgendes:

a) Bei der Ermittelung der Leistungsfähigkeit der Mutter kommt im gesetzlichen Güterstande die dem Manne am eingebrachten Gute der Ehefrau zustehende Verwaltung und Nutznießung nicht in Betracht (§ 1620 Abs. 2, § 1604 Abs. 1), sodaß das eingebrachte Gut dem Vorbehaltsgute gleichgestellt wird.

b) Lebt die Mutter im Güterstande der allgemeinen Gütergemeinschaft, Errungenschaftsgemeinschaft oder Fahrnisgemeinschaft, so ist bei Bemessung ihrer Aussteuerpflicht anzunehmen, daß das Gesamtgut abweichend von dem im § 1438 aufgestellten Grundsatze der Frau allein, nicht etwa nur anteilig, zustände (§ 1604 Abs. 2 Satz 1). In der Regel wird die Frau, wenn der Mann (wegen Mangels eines Gesamtguts) leistungsunfähig ist, ebenfalls leistungsunfähig sein, es sei denn, daß die Frau genügendes Vorbehaltsgut (§§ 1440 ff., 1526, 1555), Sondergut (§ 1439) oder eingebrachtes Gut (§§ 1520 ff., 1550 ff.) besitzt.

c) Hat im vorerwähnten Fall b die Mutter nichtgemeinschaftliche aussteuerberechtigte Töchter, so ist die Aussteuer aus dem Gesamtgute so zu gewähren, wie wenn die Töchter gegenüber beiden Ehegatten in demselben die Aussteuerpflicht begründenden Verhältnisse ständen (§ 1604 Abs. 2 Satz 2, siehe oben I).

Bei der allgemeinen Gütergemeinschaft und ebenso bei der Fahrnisgemeinschaft (§ 1549) ist die Aussteuerpflicht jedes Ehegatten Gesamtgutsverbindlichkeit (§ 1459). Für die Erfüllung der Aussteuerpflicht der Ehefrau haftet der Ehemann als Gesamtschuldner (§ 1459 Abs. 2), obwohl er auf Grund § 1620 gerade nicht haftet. Die Gewährung der Aussteuer seitens eines Ehegatten fällt immer dem Gesamtgute zur Last, da sie auf Grund einer Rechtspflicht geleistet wird (siehe oben § 3). Bei der Errungenschaftsgemeinschaft haftet das Gesamtgut zwar für die Aussteuerverpflichtung des Mannes, nicht aber ist Gesamtgutsverbindlichkeit die Aussteuerpflicht der Frau (§ 1530). Eine persönliche Haftung des Mannes für die Schuld der Frau ist hier nicht begründet.

An besonderen Voraussetzungen der Haftung der Mutter stellt das Gesetz drei auf.

1. Ist der Vater zur Zeit der Verheiratung der Tochter zur Gewährung der Aussteuer vollständig außerstande und demzufolge nicht aussteuerpflichtig, so ist die Mutter der Tochter aussteuerpflichtig (§ 1620 Abs. 1 Satz 2). Die Aussteuerpflicht der Mutter ist nicht begründet, sobald der Vater nach seinen Vermögensverhältnissen eine, wenn auch noch so geringe Aussteuer zu leisten vermag; denn die Größe der Aussteuer ist nicht absolut bestimmt, sondern richtet sich nach der Leistungsfähigkeit des Verpflichteten. Von einer Haftung der Mutter für den Aussteuerausfall bei teilweiser Leistungsfähigkeit des Vaters (Opet S. 151 Nr. 38; Staudinger, Erl. 4 a γ zu § 1620) kann keine Rede sein. Die Mutter ist auch nicht haftbar, insoweit die Tochter gegen den aussteuerpflichtigen Vater erfolglos Zwangsvollstreckung führt.

Ein bürgschaftsähnliches Verhältnis liegt nicht vor. Dies alles lehrt der Wortlaut des Gesetzes; das Gesetz legt der Mutter die Aussteuerverpflichtung nicht auf, soweit der Vater, sondern wenn der Vater (zur Zeit der Verheiratung) leistungsunfähig ist. Ist zwischen den Vermögensverhältnissen des Vaters und der Mutter ein erheblicher Unterschied und kann der Vater nur eine geringe Aussteuer gewähren, so muß die vermögende Mutter in Erfüllung ihrer sittlichen Ausstattungspflicht (§ 1624) ergänzend tätig werden. — Der gegen die Mutter klagenden Tochter obliegt der Beweis der Leistungsunfähigkeit des Vaters.

2. Die Aussteuerpflicht der Mutter tritt ferner ein, wenn der Vater vor Verheiratung der Tochter verstorben ist (§ 1620 Abs. 1 Satz 2) oder für tot erklärt worden ist (§ 18) und der als Zeitpunkt des Todes festgestellte Tag in die Zeit vor die Eheschließung der Tochter fällt. Zur Begründung ihres Aussteueranspruchs gegen die Mutter hat die Tochter den Tod des Vaters oder den Erlaß des Ausschlußurteils nachzuweisen. Hat der Vater den Eheabschluß der Tochter erlebt, so kann bereits ein Aussteueranspruch gegen ihn entstanden sein. War er tatsächlich entstanden, so ist er passiv auf die Erben des Verstorbenen übergegangen (s. unten § 13); wenn die Mutter dann nicht in ihrer Eigenschaft als Miterbin oder Erbin haftet, ist für sie eine Verbindlichkeit überhaupt nicht begründet. War dagegen der Vater wegen Leistungsunfähigkeit nicht aussteuerpflichtig geworden, so war bereits mit der Verheiratung der Tochter noch vor dem Tode des Vaters der Aussteueranspruch gegen die Mutter begründet. Der Eintritt der Haftung der Mutter infolge des Todes oder der Leistungsunfähigkeit des Vaters ist also nur möglich, sofern der Anspruch gegen den Vater nicht entstanden ist. A. M. Opet (S. 151), nach dem die Haftung der Mutter durch die Succession der Erben des Vaters in dessen Aussteuerverbindlichkeit nicht berührt wird. — Ob die Tochter den Vater beerbt hat, ist gleichgültig. Möglicherweise wird aber durch den infolge des Erbfalls eintretenden Vermögenserwerb die Aussteuerbedürftigkeit der Tochter in Frage gestellt.

3. Eine Aussteuerpflicht der Mutter ist endlich auch dann begründet, wenn die Rechtsverfolgung gegen den Vater im In-

lande — d. h. im Gebiete des Deutschen Reiches, nicht auch seiner Kolonien (Schutzgebiete) — ausgeschlossen oder erheblich erschwert ist (§ 1620 Abs. 2, § 1607 Abs. 2 Satz 1), obwohl der Vater an sich aussteuerpflichtig wäre. Die Rechtsverfolgung ist im Inlande ausgeschlossen, wenn ein zuständiges Gericht im Deutschen Reiche nicht vorhanden oder die Zwangsvollstreckung im Deutschen Reiche unmöglich ist. Befindet sich Vermögen eines im Auslande aufhältlichen Vaters im Inlande, so ist für die Klage auf Aussteuergewährung ein Gerichtsstand des Vermögens beim inländischen Gericht gegeben (§ 23 CPO.), mithin die Rechtsverfolgung im Inlande nicht ausgeschlossen. Eine erhebliche Erschwerung der Rechtsverfolgung kann vorliegen, wenn der Vater im Inlande keinen festen Wohnsitz hat und seinen Aufenthaltsort, vielleicht weil es sein Beruf mit sich bringt, öfters wechselt, sodaß Zustellungen ihn nicht erreichen, oder wenn der Vater verschollen ist. Die Beweislast für den Ausschluß der Möglichkeit oder die Erschwerung der Rechtsverfolgung trifft die Tochter.

Gewährt die Mutter der Tochter auf Grund § 1607 Abs. 2 Satz 1 eine Aussteuer, so erlangt sie ein Regreßrecht gegen den Vater (§ 1607 Abs. 2 Satz 2), welches die Höhe einer angemessenen Aussteuer nicht übersteigen darf und die Höhe der tatsächlich gewährten Aussteuer nicht überschreitet. Die Übertragung des Aussteueranspruchs kraft Gesetzes vom Berechtigten auf die Mutter nach § 1607 Abs. 2 Satz 2 widerspricht nicht dem im § 1623 ausgesprochenen Grundsatze der Unübertragbarkeit des Aussteueranspruchs, denn § 1623 will nur die rechtsgeschäftliche Übertragung des Aussteueranspruchs ausschließen (s. unten § 13). Der Übergang des Aussteueranspruchs kann nicht zum Nachteile der Aussteuerberechtigten geltend gemacht werden (§ 1607 Abs. 2 Satz 3). Das ist wichtig dann, wenn die Mutter nur eine geringe, ihren Vermögensverhältnissen angemessene Aussteuer zu gewähren vermag und die Tochter deshalb später den Rest der nach den Vermögensverhältnissen des aussteuerpflichtigen Vaters entsprechend größeren Aussteuer noch vom Vater fordert. Durch § 1607 Abs. 2 Satz 3 soll die Konkurrenz der Zessionarin, die eine volle Deckung der Tochter bei dem Vorgehen gegen den Vater unter Umständen ausschließen würde, beseitigt werden. Der Anspruch der Tochter ist zuerst zu befriedigen. Stellt sich später heraus, daß ein Aussteueranspruch gegen den Vater bei der Verheiratung der Tochter nicht begründet war, so steht der Mutter ein Regreßrecht auf Grund § 1607 Abs. 2 Satz 2 natürlich nicht zu (s. hierzu auch oben § 7).

III. Daß zur Begründung eines Aussteueranspruchs das Bestehen eines bestimmten familienrechtlichen Verhältnisses erforderlich ist, ist bereits im § 7 hervorgehoben. Das Vorhandensein der das familienrechtliche Verhältnis begründenden Tatsachen, z. B. die Ehelichkeitserklärung oder das Inkrafttreten der Adoption hat die Tochter nachzuweisen. Da der Annahmevertrag nach § 1754 erst mit der Bestätigung durch das zuständige Gericht in Kraft tritt (und zwar in der Regel mit der Bekanntmachung des Bestätigungsbeschlusses an den Annehmenden, §§ 16, 67 RGes. freiw. Ger.), setzt das Entstehen des Aussteueranspruchs gegen den Annehmenden die vorherige Bestätigung des Annahmevertrags voraus. Stirbt die Tochter nach der Verehelichung, aber noch vor der Bestätigung des Annahmevertrags, so ist ein Aussteueranspruch gegen den Annehmenden für sie nicht erwachsen (s. auch § 1753 Abs. 1).

§ 9.

Inhalt und Umfang des Aussteueranspruchs.

I. Der Charakter der Aussteuerschuld bedarf noch der Erörterung im Hinblick darauf, ob die Aussteuerschuld eine Spezies- oder Genusschuld ist. Das Wesen der Speziesschuld ist, daß Gegenstand der Obligation von vornherein individuell bestimmte Sachen sind. Der Aussteuerpflichtige hat nun eine Mehrzahl von einzelnen Sachen und zwar einen Sachinbegriff zu leisten. Die Verpflichtung zur Gewährung eines Sachinbegriffs kann Genus- oder Speziesschuld sein. Klar ist zunächst, daß die Aussteuerschuld nicht Speziesschuld ist. Die zu leistenden Aussteuergegenstände sind nicht individuell, sondern nur der Art nach, nach Gattungsmerkmalen bestimmt. Der Aussteuerpflichtige muß, um seine Aussteuerpflicht zu erfüllen, eine Ausscheidung der zu leistenden Sachen aus der Masse vornehmen; regelmäßig müssen die Aussteuersachen von dem Pflichtigen, der übrigens, wie unten noch zu begründen ist, die Wahl zwischen Geld- und Naturalleistung hat, erst durch Ankauf bei Dritten angeschafft werden. Hiernach ist die Aussteuerschuld als Gattungsschuld anzusehen, die sich nur dadurch von der normalen Gattungsschuld unterscheidet, daß die einzelnen Gattungssachen nur zum Teil einander gleichartig, zum großen Teile aber voneinander verschieden sind. Dagegen meint Knitzschky (S. 95), es handle sich bei der Aussteuerschuld weder um eine Speziesobligation, noch um ein gewöhnliches generisches Schuldverhältnis. Er charakterisiert das Schuldverhältnis aber nicht näher.

Nach den allgemeinen Vorschriften über Schuldverhältnisse, die hier ergänzend heranzuziehen sind, hat der Aussteuerschuldner sein Unvermögen zur Leistung so lange zu vertreten, als die Leistung aus der Gattung noch möglich ist (§ 279). Der Satz genus perire non censetur gilt auch für den Aussteuerpflichtigen. Jedoch kann sich der Aussteuergläubiger hierauf nicht mehr berufen, wenn die Gattungsschuld nach § 243 Abs. 2 in eine Speziesschuld verwandelt ist. Da die Aussteuersachen nur der Gattung nach bestimmt sind, hat der Aussteuerschuldner, dem die Auswahl der zu leistenden Sachen obliegt, Aussteuersachen mittlerer Art und Güte zu leisten (§ 243 Abs. 1). Es liegt kein Grund vor, in dieser Hinsicht Spezialbestimmungen, wie z. B. § 2155 Abs. 1 analog anzuwenden. Der Aussteuerschuldner muß ferner die Leistung nach Treu und Glauben bewirken (§ 242), insbesondere bei der Auswahl der Sachen den gerechtfertigten Wünschen der Tochter innerhalb der durch die Verkehrssitte gezogenen Grenzen entsprechen.

II. Nach dem Wortlaute des Gesetzes ist anzunehmen, daß der Aussteuerschuldner die erforderlichen Aussteuersachen als Sachinbegriff in natura zu gewähren hat. Es muß aber dem Aussteuerschuldner gestattet werden — wie auch allgemein in der Literatur und in der Rechtsprechung anerkannt ist und schon im Sächsischen Rechte galt (Hoffmann, Erl. zu § 1661), — sich von der Aussteuerschuld unter allen Umständen durch Zahlung eines dem Werte einer angemessenen Aussteuer entsprechenden Geldbetrags zu befreien. Zwar besteht im BGB. weder eine allgemeine, noch eine spezielle Bestimmung, die dem Verpflichteten ein derartiges Recht gäbe. Ein sachlicher Grund für die Versagung des Rechts ist aber nirgends, vor allem auch nicht aus der Natur der Aussteuerverbindlichkeit, ersichtlich. Auch durch die Zahlung der zur Aussteueranschaffung erforderlichen Geldsumme wird der Zweck der gesetzlichen Aussteuerpflicht erreicht. Die Tochter hat kein Interesse daran, daß ihr die nur generell geschuldeten Aussteuersachen in natura geleistet werden; die Aussteuerschuld ist die Verpflichtung zu einer in Geld abschätzbaren Leistung von Vermögenswerten. Die Tochter kann sich ohne Nachteil die Aussteuer mit dem gewährten baren Gelde selbst anschaffen, zuweilen wird ihr das sogar erwünschter sein. Der Aussteuerschuldner hat demnach die Wahl (facultas alternativa), ob er die Aussteuersachen in natura oder den zur Beschaffung einer angemessenen Aussteuer erforderlichen Geldbetrag leisten will. Er kann den Aussteuergläubiger durch ordnungsgemäßes Angebot der Geldleistung in Annahmeverzug setzen (§§ 293, 294). Die Ausübung der Wahlbefugnis ist im einzelnen Falle durch die Verkehrssitte (§ 242) näher bestimmt und eingeschränkt. Sie ist unter Umständen anders als beim Wahlschuldverhältnis (§ 264) nicht bis zur Zwangsvollstreckung zulässig, sondern wird schon mit dem Zeitpunkte ausgeschlossen, in dem der Aussteuergläubiger an Stelle der Naturalleistung Geldleistung verlangen kann und verlangt, vor allem also mit dem Zeitpunkte der Rechtshängigkeit der Aussteuerklage.

Ob und wann der Aussteuergläubiger an Stelle der Naturalleistung die Zahlung des Wertes der Aussteuer in Geld verlangen kann, ist näher zu untersuchen. In erster Linie muß vom Aussteuergläubiger Naturalerfüllung verlangt werden, denn der Aussteueranspruch ist seinem Wesen nach nicht ein auf Leistung von Geld gehender Zahlungsanspruch, sondern ist durch Gewährung der Aussteuergegenstände in natura zu erfüllen. Das Verlangen der Zahlung einer bestimmten Geldsumme muß durch die besonderen Umstände des Einzelfalls begründet sein (so für das sächs. Recht Wenglers Archiv 1878 S. 671), die Tochter kann die Erfüllung der Aussteuerschuld in Geld nur begehren, wenn die Naturalerfüllung wider Treu und Glauben verstoßen würde

(§ 242, Dernburg S. 237). Hat die Tochter sich nach ihrer Verheiratung infolge des Verzugs des Aussteuerpflichtigen selbst eine Aussteuer beschaffen müssen, so hat sich ihre Aussteuerforderung in eine Geldforderung verwandelt, denn es kann ihr nicht zugemutet werden, zu der bereits angeschafften eine weitere Aussteuer, für die sie keine Verwendung haben würde, anzunehmen. Die Naturalerfüllung hat für sie kein Interesse mehr (ähnlich Entsch. d. OLG. Köln, R. d. OLG. IV S. 105 ff. und des KG. v. 12. 11. 01, Blätt. f. Rechtspfl. i. Bez. des KG. 14 S. 22). In diesem Falle würde übrigens der Tochter eine Geldforderung auch als Schädensforderung zustehen (§ 286 Abs. 2). Auch dann, wenn nach den Umständen zu erwarten ist, daß der Aussteuerpflichtige seine Aussteuerpflicht unzureichend (etwa durch Leistung veralteter, nichtstandesgemäßer oder mangelhafter Sachen) erfüllen oder daß er sonst gerechtfertigte Wünsche der Tochter nicht berücksichtigen werde, oder wenn der Hausstand des Kindes weit von dem Wohnsitze des Verpflichteten und vom Anschaffungsort entfernt ist, wird man der Tochter das Recht zugestehen können, sofort auf Geldleistung zu klagen (ebenso Dernburg a. a. O.). Ist dagegen der Vater bereit, der Tochter eine Aussteuer zu gewähren, und soll lediglich die Höhe der Aussteuer durch das Gericht festgestellt werden, so kann in der Regel nur auf Naturalerfüllung geklagt werden. Im Konkurs des Aussteuerpflichtigen kann der Aussteueranspruch nur nach dem Schätzungswerte in Reichswährung geltend gemacht werden (§ 69 KO.). — Das Gericht verurteilt den Beklagten hiernach entweder zur Gewährung einer Aussteuer von bestimmtem Werte oder zur Zahlung einer bestimmten Geldsumme.[1, 2]

---

[1] Im letzteren Falle erfolgt die Vollstreckung des Urteils nach den allgemeinen Bestimmungen über die Zwangsvollstreckung wegen Geldleistungen. Ist jedoch der Beklagte zur Leistung von Aussteuersachen in natura verurteilt, so liegt einer der seltenen Fälle vor, in denen die Vollstreckung des Urteils auch mit Hilfe des staatlichen Vollstreckungsapparates nicht möglich ist; denn es handelt sich um die Erzwingung der Leistung von Gattungssachen, von denen der Schuldner in aller Regel keine in Besitz hat, die er vielmehr seinerseits erst anschaffen muß. Die Verpflichtung zur Lieferung von Sachen kann nur nach §§ 883 bis 886 CPO., nicht aber nach § 887 CPO. (s. Abs. 3), und sobald es sich, wie hier, um eine so-

III. Im § 1624 spricht das Gesetz vom „Zuwenden“ einer Ausstattung, an anderen Stellen (z. B. in § 1465) vom „Gewähren“ und im Gegensatz dazu vom „Versprechen“ einer Ausstattung (ebenso Entwurf I § 1500). Der Begriff des „Zuwendens“ umfaßt als der weitere das „Gewähren“ und das „Versprechen“. Eine Ausstattung (Aussteuer) versprechen bedeutet: sich durch Rechtsgeschäft verpflichten, Eigentum an den Aussteuersachen zu übertragen (obligatorisches Rechtsgeschäft); eine Aussteuer gewähren bedeutet: das Eigentum an den Aussteuersachen unmittelbar übertragen (dingliches Rechtsgeschäft), die Gewährung ist im Sinne des BGB. eine Verfügung. Während nun dem Ausstattenden (§ 1624) freigestellt ist, eine Ausstattung zu gewähren oder zunächst erst zu versprechen, und eine Zuwendung im Sinne des § 1624 bereits im Versprechen einer Ausstattung liegt (OLG Hamburg v. 13. 11. 03, R. d. OLG. VIII, 348), geht der Aussteueranspruch seinem Inhalte nach auf ein Gewähren. Der Aussteuerpflichtige hat demgemäß Eigentum an den Aussteuersachen zu übertragen (siehe auch die Schlußfolgerungen aus §§ 2182

---

genannte vertretbare Handlung handelt, auch nicht nach § 888 CPO. vollstreckt werden. Durch Wegnahme der Aussteuersachen durch den Gerichtsvollzieher gemäß §§ 883 oder 884 CPO. kann die Zwangsvollstreckung in aller Regel nicht erfolgen, da die Wegnahme voraussetzt, daß die wegzunehmenden Sachen oder Sachen der wegzunehmenden Gattung und Güte sich im Besitz des Schuldners vorfinden Der Aussteuergläubiger ist mithin nur in der Lage, gegen den die Erfüllung verweigernden Schuldner Klage auf Leistung des Interesse zu erheben (§ 893 CPO. und RGEntsch. v. 20. 5. 04 Bd. 58 S. 160). Er kann auch nach Rechtskraft des Urteils gemäß § 283 eine Frist zur Bewirkung der Leistung setzen und nach fruchtlosem Ablaufe der Frist Schadensersatz wegen Nichterfüllung verlangen (Seuffert Bd. II S. 577; Petersen, Erl. zu §§ 883 ff.). Zur Beschleunigung des Verfahrens ist anzuraten, diese Frist bereits im Urteile durch das Gericht bestimmen zu lassen (§ 255 CPO.).

[2] Wird vor der Eheschließung von der Tochter Feststellung der Aussteuerpflicht des in Anspruch Genommenen begehrt, so hat die Feststellung dahin zu gehen, daß der in Anspruch Genommene im Fall der Verheiratung der Tochter mit einer bestimmten Person zur Gewährung einer Aussteuer von bestimmtem Werte oder zur Zahlung eines entsprechenden Geldbetrags verpflichtet sei (RG. Bd. 49 S. 370). Denn zur Zeit der Verheiratung der Tochter hat der Aussteuerpflichtige die Auswahl unter beiden Leistungen.

Abs. 3 und 433 Abs. 2, unten § 16). Die Eigentumsübertragung hat durch Tradition oder brevi manu traditio (§ 929) zu erfolgen, mit Genehmigung der Tochter kann die Übergabe durch constitutum possessorium (§ 930) oder Vindikationszession (§ 931) ersetzt werden. Mit einer bloßen Besitzesübertragung braucht sich die Tochter ebensowenig zu begnügen, wie mit dem Versprechen, später eine Aussteuer zu gewähren. Durch Zuwendung einer andern Leistung als der geschuldeten Aussteuerleistung kann der Pflichtige sich nur im Einverständnis mit der Tochter befreien (§ 364 Abs. 1). Mit der Abtretung der Forderung des Vaters aus dem Aussteuerversicherungsvertrage mit der Versicherungsgesellschaft auf Auszahlung der Versicherungssumme (s. oben S. 45 Anm.) braucht sich die Tochter nicht zu begnügen. Durch formlosen Novationsvertrag mit der Tochter kann an Stelle der sich auf das Gesetz gründenden Aussteuerpflicht eine neue Pflicht des Aussteuerpflichtigen unter Abänderung des Inhalts der gesetzlichen Pflicht begründet werden. Der Inhalt des sich aus solchem Vertrag ergebenden Anspruchs der Tochter regelt sich, soweit nicht der Vertrag Bestimmungen gibt, nach den allgemeinen Grundsätzen des Schuldverhältnisrechts.[1]

IV. Was den Umfang des Aussteueranspruchs anbelangt, so hat der Aussteuerpflichtige nach § 1620 eine angemessene

[1] Nach Schuldverhältnisrecht beurteilen sich auch Ansprüche aus den hier nicht näher zu erörternden Aussteuerversprechen dritter an sich nicht aussteuerpflichtiger Personen gegenüber der Ehefrau oder dem Ehemanne. Ein solches Aussteuerversprechen ist nicht Ausstattung im Sinne § 1624, andererseits aber auch nicht unbedingt Schenkungsversprechen. Denn aus § 1624 kann nicht ohne weiteres geschlossen werden, daß die von einem Fremden versprochene oder gewährte Aussteuer oder Ausstattung in allen Fällen als Schenkung gelten müsse. Wenn z. B. dem Aussteuerversprechen eine Zweckbestimmung beigefügt oder das Aussteuerversprechen an ein Eheversprechen des andern Teils geknüpft ist, ähnlich wie die Leistung an die Gegenleistung, so verliert nach einer zurzeit vielfach vertretenen Meinung das Versprechen oder die Gewährung der Aussteuer den Charakter der Schenkung. In diesem Falle soll auch das formlose Aussteuerversprechen bindend sein. (Hierüber siehe RG. v. 29. 10. 03, Seuff. Arch. 59 S. 319; OLG. Posen 4. 11. 02 R. d. OLG. V, 416; Dernburg S. 239; ausführlich Landsberg, Pos. Monatschr. 1903 Nr. 2 und 1904 Nr. 7 bis 9, Bartholomäus, Jurist. Ztg. 1905 S. 259, Scherer, S. 317).

Aussteuer zu gewähren. Nach welchen Gesichtspunkten die Angemessenheit der Aussteuer zu bestimmen ist, erwähnt das Gesetz nicht, es stellt auch begreiflicherweise keinen Aussteuerkatalog auf. Vielmehr soll die Entscheidung über die Angemessenheit der Aussteuer ganz dem freien, pflichtgemäßen Ermessen des erkennenden Richters überlassen bleiben, um die Berücksichtigung der Verschiedenheit und der Eigenart der konkreten Fälle zu ermöglichen (Prot. IV, 322). Die Angemessenheit der Aussteuer läßt sich auch gar nicht allgemein bestimmen. Es lassen sich nur gewisse Gesichtspunkte aufstellen, nach denen die Angemessenheit der Aussteuer im Einzelfalle bestimmt werden kann. In Betracht werden regelmäßig zu ziehen sein Vermögen, Erwerbsverhältnisse und Stellung der Eltern, Rang, Stand und Erwerbsverhältnisse des Ehemanns der Tochter (s. hierzu OLG. Hamburg Entsch. v. 7. 6. 01, R. d. OLG. 3, 247), Zahl der Töchter des Aussteuerpflichtigen, auch soweit diese noch nicht verheiratet sind, lokale und provinzielle Sitten, Lebens- und Standesverhältnisse, in die die Tochter eintritt und aus denen sie stammt. Im konkreten Falle wird auf dieses oder jenes Moment mehr oder weniger Gewicht gelegt werden müssen. Das Vermögen der Aussteuerberechtigten selbst bleibt bei der Berechnung der Angemessenheit der Aussteuer außer Betracht. Denn die Vermögensverhältnisse der Berechtigten kommen nur bei der Frage nach der Begründung des Aussteueranspruchs in Betracht, der Aussteueranspruch ist überhaupt ausgeschlossen, wenn die Tochter ausreichendes eignes Vermögen besitzt. Im Gegensatz hierzu ist das Vermögen des Zuwendungsempfängers im Fall des § 1624, in dem eine Verpflichtung zur Zuwendung nicht besteht, bei der Entscheidung über die Angemessenheit der Zuwendung mit maßgebend. Ein in vielen Fällen zutreffendes Resultat wird schon bei bloßer Berücksichtigung der Vermögens- und Erwerbsverhältnisse des Aussteuerschuldners erzielt werden können. Denn die Angemessenheit einer Aussteuer ist wie die Aussteuerverpflichtung selbst hauptsächlich von der Leistungsfähigkeit des Aussteuerschuldners abhängig. In dem ganz ähnlichen Falle des § 1624 ist die Vermögenslage des Ausstattenden ausdrücklich als Maßstab für die Angemessenheit der Ausstattung hervorgehoben. Zu weit geht jedoch Opet (S. 152), der die Angemessenheit der Aussteuer nur vom Standpunkte des Aussteuerschuldners aus bemessen will.

Entscheidend für die Frage der Angemessenheit der Aussteuer sind die im Zeitpunkt des Eheabschlusses obwaltenden Umstände — gleichviel, wann der Anspruch auf Aussteuer geltend gemacht wird —, während die Angemessenheit einer der Tochter versprochnen oder gewährten Ausstattung nach den im Zeitpunkte des Versprechens oder Gewährens bestehenden Verhältnissen zu bestimmen ist (§ 1624). Eine später in den Verhältnissen des Aussteuerschuldners oder der übrigen Beteiligten eintretende Veränderung kann auf den Umfang des einmal begründeten Aussteueranspruchs keinen Einfluß üben. Dies ist wichtig für den Konkurs des Aussteuerschuldners. Die Tochter kann sich auch nicht darauf berufen, daß eine früher verheiratete Tochter eine wertvollere Aussteuer als die ihr zugedachte erhalten habe, wenn sich inzwischen die Leistungsfähigkeit des Aussteuerpflichtigen vermindert hat (Seuff. Arch. 38 Nr. 318), im übrigen kann jedoch die Größe der früher einer anderen Tochter gewährten Aussteuer sehr wohl einen Anhaltspunkt für die Bestimmung der Angemessenheit der jetzt zu gewährenden Aussteuer bilden. Etwaigen Ungleichheiten bei der Aussteuerung mehrerer Töchter muß die Ausgleichungspflicht (§ 2050) abhelfen.

Die Angemessenheit der von ihr geforderten Aussteuer hat die Tochter zu beweisen.

§ 10.

Das Erlöschen des Aussteueranspruchs.

Auf den Untergang des Aussteuerschuldverhältnisses finden die allgemeinen Vorschriften des Schuldverhältnisrechts entsprechende Anwendung (Planck II S. 3 ff., IV S. 3 ff.), eine Spezialbestimmung über die Wirkungen des Erlöschens des Aussteueranspruchs enthält das Gesetz in § 1622 (s. unten). Von den allgemeinen Erlöschungsgründen des Aussteueranspruchs sollen nur folgende hervorgehoben werden.

Der Aussteueranspruch kann infolge Verzichts der Berechtigten erlöschen. Anders als der Unterhaltsanspruch (vgl. § 1614) unterliegt der Aussteueranspruch als ein zwar auf dem Verwandtschaftsverhältnisse beruhender, aber doch rein vermögensrechtlicher Anspruch der unbeschränkten Verfügung des Gläubigers sowohl für die Gegenwart als auch für die Zukunft, soweit nicht das Gesetz bestimmte Verfügungen ausdrücklich untersagt (Opet S. 153). Der Verzicht auf den erst künftig entstehenden Aussteueranspruch, den Cosack (Bd. II § 308 S. 520) wohl zu Unrecht für unzulässig hält, ist nicht unter den Erlöschungsgründen aufzuführen, da er nur den zukünftigen Rechtserwerb der Tochter verhindert. Der Verzicht auf einen Aussteueranspruch begründet keine subsidiäre Haftung anderer Personen (§ 1620). Der Verzicht gegenüber einem Nichtverpflichteten ist wirkungslos, es sei denn, daß die Verzichtserklärung für den Aussteuerpflichtigen bestimmt war und ihm zugegangen ist (Rehbein II S. 369). Notwendig ist nur der Verzicht gegenüber dem aussteuerpflichtigen Elternteile. Demnach läßt der Verzicht gegenüber der nicht aussteuerpflichtigen Mutter die Verpflichtung des Vaters unberührt (so auch Opet S. 153 Nr. 46, anders Planck, Erl. 3 zu § 1623). Ebenso wird auch der Verzicht auf einen erst zukünftig entstehenden Aussteueranspruch gegenüber allen denjenigen Beteiligten abzugeben sein, die von der Aussteuerpflicht befreit bleiben sollen. Denn zur Zeit der Abgabe der Erklärung ist noch nicht sicher, in wessen Person die Aussteuerpflicht später zur Entstehung kommen wird. Beispielsweise wird der gegenüber den leiblichen Eltern abgegebene Verzicht den Annehmenden nicht ohne weiteres von seiner Aussteuerpflicht befreien, denn im Zweifel soll die Erklärung nur gegenüber dem Erklärungsempfänger wirken. Dies wird um so mehr gelten müssen, als zur Wirksamkeit des Verzichts auf einen gegenwärtigen oder zukünftigen Anspruch nach zurzeit vielfach vertretener Meinung (s. z. B. Planck, Erl. 1 zu § 397) die Annahme des Verzichts durch den Schuldner, also der Abschluß eines Vertrags mit diesem verlangt wird.[1]

[1] Zum Verzicht auf den Aussteueranspruch bedarf die verheiratete Berechtigte der vorherigen Zustimmung ihres Ehemannes (§§ 1395, 1398, 183); ist sie noch minderjährig oder wird sie bevormundet, so erfolgt der Verzicht durch den gesetzlichen Vertreter. Ist dieser gleichzeitig der Aus-

Der Aussteueranspruch erlischt (ganz oder teilweise), wenn die Gläubigerin durch Erlaßvertrag mit dem Schuldner diesem die Schuld erläßt (§ 397) oder wenn sie den Aussteueranspruch im Wege des Vergleichs (ganz oder teilweise) aufgibt. Ein besonderer Fall ist der Zwangsvergleich im Konkursverfahren des Aussteuerpflichtigen (§§ 173ff. KO.). Hier bleibt, soweit der Anspruch aufgegeben wird, eine natürliche Verbindlichkeit bestehen (Jäger, Komm. zur KO., § 193 Nr. 5). Der Erlaßvertrag oder der Vergleich hinsichtlich der Aussteuerschuld des Mannes begründet selbstverständlich keine subsidiäre Haftung der Frau über § 1620 Abs. 1 Satz 2 und Abs. 2 hinaus; sobald die Frau von vornherein nicht aussteuerpflichtig war, bedarf es, um sie vor Inanspruchnahme zu schützen, keines Vergleichs oder Erlaßvertrags mit ihr (a. M. anscheinend Opet S. 153 Nr. 47).

Durch Hinterlegung der geschuldeten Leistung kann die Aussteuerschuld nicht getilgt werden, da die Aussteuersachen nicht zur Hinterlegung geeignet sind (§§ 372, 378, ferner Art. 144ff., 146 EG., für Sachsen § 4 Sächs. Ges. v. 18. 6. 98). Der Aussteuerschuldner hat im Fall des Gläubigerverzugs zum Zweck der Befreiung von seiner Verbindlichkeit nur die Möglichkeit des Selbsthilfeverkaufs nach Maßgabe der §§ 383ff. und der Hinterlegung des Erlöses unter Verzicht auf das Recht der Rücknahme (§ 378).

Durch Aufrechnung seitens des Schuldners läßt sich der Aussteueranspruch nicht tilgen (§§ 1623, 394 BGB., 851 CPO.), wohl aber kann der Aussteuergläubiger seine Forderung durch Aufrechnung gegen Forderungen des Aussteuerschuldners zum Erlöschen bringen (§§ 387, 389). — Ein Erlöschungsgrund liegt für den Aussteueranspruch nicht im Tode des Berechtigten oder des Verpflichteten (s. unten § 13, a. M. Opet S. 153 Nr. 51, Spahn S. 71.) Indessen könnte das Aussteuerschuldverhältnis durch eine infolge des Erbfalls stattfindende Vereinigung von

steuerpflichtige, so ist zur Abgabe der Verzichtserklärung ein Pfleger zu bestellen (§ 1909). Während Vater und Mutter zur Abgabe der Verzichtserklärung gerichtlicher Genehmigung nicht bedürfen (§ 1643), müssen Vormund und Pfleger vor Abgabe der Erklärung die Genehmigung des Gegenvormunds oder des Vormundschaftsgerichts einholen (§§ 1812, 1915).

Recht und Verbindlichkeit in einer Person zum Erlöschen kommen.

Den wichtigsten Erlöschungsgrund bildet natürlich die Erfüllung. Das Aussteuerschuldverhältnis geht unter, wenn die geschuldete Aussteuerleistung bewirkt wird oder wenn der Gläubiger an Stelle der geschuldeten Leistung eine andere an Erfüllungsstatt annimmt (§§ 362 Abs. 1, 364 Abs. 1). Zum Erlöschen kommt der im konkreten Falle durch Verheiratung der Tochter existent gewordene Aussteueranspruch, ein anderer Aussteueranspruch ist nicht vorhanden. Wenn in der Literatur zuweilen betont wird, der Aussteueranspruch werde durch einmalige Befriedigung getilgt (so Opet S. 155), so ist dem entgegen zu halten, daß in dem Erlöschen durch einmalige Befriedigung nicht eine Eigentümlichkeit gerade des Aussteueranspruchs liegt. Wohl aber hat die Tilgung eines im konkreten Falle existent gewordenen Aussteueranspruchs die Nebenwirkung, daß ein zweiter oder fernerer Aussteueranspruch für die Tochter nicht mehr entstehen kann (§ 1622). Dies ist insofern wichtig, als ein Aussteuerschuldverhältnis als Tatbestandsobligation an sich bei jeder neuen Eheschließung von neuem zur Entstehung kommen würde. Durch § 1622 wird jedoch dem objektiven Tatbestande die ihm innewohnende Kraft, einen weiteren Aussteueranspruch zu erzeugen, durch einmalige Aussteuergewährung genommen. — Die Eltern, die gegenüber der aussteuerbegehrenden Tochter die Gewährung einer Aussteuer für eine frühere Ehe geltend machen, sind hierfür beweispflichtig (ebenso Staudinger Erl. 5 zu § 1622). Nicht gehört die Behauptung, die Klägerin habe bisher eine Aussteuer noch nicht erhalten, zur schlüssigen Begründung der Klage.

Voraussetzung der Anwendung des § 1622 ist, daß die Tochter eine frühere Ehe gültig abgeschlossen hat, denn erst durch den Eheabschluß kam der Aussteueranspruch damals zur Existenz (so auch Opet S. 155 Nr. 55, a. M. Scherer, Erl. zu § 1622). Nach dem Sinne des § 1622 soll eine neue Aussteuerpflicht nur unter der Voraussetzung nicht entstehen, daß früher eine Aussteuer in Erfüllung einer zur Existenz gekommenen Aussteuerpflicht gewährt worden ist. Getilgt werden kann nur ein zur Existenz gekommener Anspruch. Eine früher gewährte

Ausstattung schließt den Aussteueranspruch nicht aus; möglicherweise fehlt jedoch der früher ausgestatteten Tochter jetzt die Aussteuerbedürftigkeit. § 1622 kann auch dann nicht zur Anwendung kommen, wenn die damals nicht aussteuerbedürftige Tochter für eine früher abgeschlossene Ehe eine Aussteuer erhalten hat, im Zweifel ist damals die Aussteuer (rechtlich Ausstattung) aus dem Vermögen der Tochter entnommen worden (§ 1625). Die Einwendung der Eltern aus § 1622 ist nur begründet, wenn sie z. B. durch Erfüllung, Leistung an Erfüllungsstatt (§ 364), Hinterlegung usw. den früher entstandenen Aussteueranspruch vollständig befriedigt haben, gleichgültig, ob die Aussteuer jetzt noch vorhanden — etwa ohne Verschulden der Tochter untergegangen — ist oder nicht (Prot. IV S. 322). Dasselbe gilt, wenn die Tochter den früheren Anspruch freiwillig vergleichs- oder verzichtsweise ganz oder zum Teil aufgegeben hat. Die wiederholte Geltendmachung eines Aussteueranspruchs ist ferner dann unmöglich, wenn nach den zur Zeit der Eingehung der späteren Ehe obwaltenden Verhältnissen eine größere Aussteuer angemessen erscheinen würde als die für die frühere Ehe gewährte, den damaligen Verhältnissen entsprechende Aussteuer. Hat die Tochter früher von der Geltendmachung eines Aussteueranspruchs absehen müssen, weil er durch Einreden gehemmt war oder seine Voraussetzungen fehlten, so kann sie für eine neue Ehe unter den erforderlichen Voraussetzungen eine Aussteuer verlangen, sofern die etwaigen Hemmungsgründe in Wegfall gekommen sind. Die frühere Aussteuer braucht nicht notwendig von dem jetzt in Anspruch Genommenen, jedenfalls muß sie aber von einem Aussteuerpflichtigen gewährt worden sein; gleichgültig ist, ob die erste Aussteuer von dem Annehmenden oder den leiblichen Eltern gewährt worden ist. (So schon Sächs. BGB. § 1665, s. hierzu Denkschrift S. 222 und Brettner im Recht 1900, 225.) Die Zuwendung der Aussteuer durch einen Dritten, Nichtverpflichteten, schließt jedoch die Geltendmachung eines Aussteueranspruchs gegen den Vater oder die Mutter bei Eingehung einer neuen Ehe nicht aus.

Haben die Eltern in Erwartung des Eheschlusses der Tochter dieser eine Aussteuer gewährt, ist es aber dann nicht zum Abschluß der Ehe gekommen, so kann die Tochter für eine später eingegangene Ehe unter den Voraussetzungen des § 1620 eine neue Aussteuer verlangen, sofern nicht etwa die Aussteuerbedürftigkeit fehlen sollte. Dann steht aber den Eltern das Recht zu, die früher gewährte Aussteuer auf Grund § 812 Abs. 1 Satz 1 zurückzufordern. Dieses Rückforderungsrecht entsteht mit dem Zeitpunkt, in dem sich entscheidet, daß die Ehe, für die die Aussteuer gegeben wurde, nicht zustande kommt. Die Zuwendung kann nicht als der Rückforderung entzogene (§ 814) Ausstattung im Sinne des § 1624 aufgefaßt werden, weil die Eltern nur die für sie vermeintlich entstehende Aussteuerpflicht erfüllen wollten und nicht die Absicht hatten, auch ohne Rücksicht auf das Zustandekommen der Ehe der Tochter die Mittel zur Einrichtung eines selbständigen Haushaltes zu verschaffen. Ebenso steht dem Rückforderungsanspruch nicht entgegen, daß zur Zeit der Zuwendung eine Aussteuerpflicht, wie dem Zuwendenden bekannt war, nicht bestand (§ 814), denn der Zuwendende hat nicht zum Zweck der Erfüllung einer bereits bestehenden Verbindlichkeit geleistet, sondern in der Erwartung, daß durch den bevorstehenden Eheabschluß seine Verpflichtung zur Leistung begründet werde (s. KG. v. 6. 2. 02, R. d. OLG. IV, 237. Derselben Ansicht wohl auch Örtmann, Komm. S. 540 Vorbem. zu § 812. Für das sächs. Recht siehe Annalen d. OLG. Dresden 13, 338 und §§ 1534 ff. Sächs. BGB.; Hoffmann, Neuere Entsch. z. Sächs. BGB. zu § 1661). Mit dem Rückforderungsanspruche kann gegen den Aussteueranspruch nicht aufgerechnet werden (§ 394 Satz 1). Daraus folgt aber nicht die Unzulässigkeit der Geltendmachung eines Zurückbehaltungsrechts des Aussteuerpflichtigen wegen seines fälligen Rückforderungsanspruchs gegenüber dem unpfändbaren Aussteueranspruche der Tochter (Pappenheim S. 86 ff., Planck II$^{a}\gamma$ zu § 273). Obwohl der Aussteueranspruch sich auf Familienrecht, der Rückforderungsanspruch sich auf Obligationenrecht stützt, würde sich nach den vom Reichsgericht (Entsch. Bd. 14 S. 234, Bd. 57 S. 6) aufgestellten Grundsätzen wohl die Konnexität beider Ansprüche rechtfertigen lassen, da beide Ansprüche im Grunde doch auf dasselbe familienrechtliche Verhältnis, auf ein einheitliches Lebensverhältnis zurückzuführen sind und das Aussteuerverlangen der Tochter bei gleichzeitiger Verweigerung der Rückgabe der früher gewährten Aussteuer gegen Treu und Glauben verstoßen würde. Unter dieser Voraussetzung wäre ein Zurückbehaltungsrecht fur den Aussteuerpflichtigen begründet. PLANCKS Bemerkung, der Aussteuerpflichtige könne das, was er zurückzufordern berechtigt sei, der Tochter auf die neue Aussteuer anrechnen (Nr. 2 zu § 1622), läßt nicht erkennen, ob sich PLANCK für die Zulässigkeit der Aufrechnung oder des Zurückbehaltungsrechts entscheidet.

§ 11.
Die Verjährung des Aussteueranspruchs.

Da die Ausnahme des § 194 Abs. 2 auf den Aussteueranspruch nicht zutrifft, unterliegt der Aussteueranspruch nach dem allgemeinen Grundsatze des § 194 Abs. 1 der Verjährung, wie auch durch § 1623 Satz 2 bestätigt wird. Es liegt auch keinerlei Grund vor, die Verjährung des im konkreten Falle entstandenen Anspruchs auszuschließen. Die Verjährung des Aussteueranspruchs folgt den allgemeinen Bestimmungen der §§ 194 ff., insbesondere finden die Bestimmungen über die Hemmung und Unterbrechung der Verjährung (§§ 202 ff., 208 ff.) Anwendung. Wichtig ist, daß nach § 204 Satz 2 die Verjährung des Aussteueranspruchs während der Zeit der Minderjährigkeit der Tochter gehemmt ist. Die Verjährung kann also, auch wenn der Zeitpunkt der Nativität des Anspruchs weiter zurückliegt, jedenfalls nicht vor dem Zeitpunkte der Volljährigkeit der Tochter zu laufen beginnen (§ 205). Wenn § 1623 Satz 2 den Beginn der Verjährung auf den Zeitpunkt der Verheiratung der Tochter festsetzt, so ist daraus nicht zu schließen, daß § 204 Satz 2 auf die Verjährung des Aussteueranspruchs keine Anwendung fände (a. M. SÜSSHEIM S. 396 und SPAHN S. 71). Denn die Bestimmung des § 1623 Satz 2 bildet nicht eine Ausnahmevorschrift gegenüber § 204 Satz 2, sondern gegenüber § 195. Nur auf der Verkürzung der Verjährungsfrist liegt im § 1623 Satz 2 der Ton, an die Abänderung der Grundsätze über den Beginn und die Hemmung der Verjährung hat der Gesetzgeber nicht gedacht. Es liegt kein Grund vor, die Tochter in Ansehung des Aussteueranspruchs während ihrer Minderjährigkeit ungünstiger zu stellen als in Ansehung anderer Ansprüche. Die Bestimmung des § 204 ist nicht aus Rücksichtnahme auf die Unselbständigkeit, Unerfahrenheit und Abhängigkeit des Kindes von den Eltern, sondern, wie auch § 204 Satz 1 zeigt, hauptsächlich aus Rücksichtnahme auf das zwischen den Beteiligten bestehende Pietätsverhältnis getroffen worden. Es soll durch § 204 Satz 2 ohne Rücksicht darauf, ob die Kinder selbständig oder abhängig sind oder nicht, vorgesorgt werden, daß minderjährige, noch unter elterlicher Gewalt stehende Kinder nicht aus Besorgnis der Verjährung zu frühzeitigen Klagen gegen die Eltern gedrängt werden (Planck, Erl. zu § 204). Der Beginn der Verjährung wird im § 1623 tatsächlich nicht abweichend, sondern den allgemeinen Grundsätzen (§ 198 Satz 1, s. oben § 8) entsprechend bestimmt. Die Worte „von der Eingehung der Ehe ab“ sind deshalb eigentlich überflüssig, da sich bereits aus § 198 Satz 1 der Zeitpunkt des Eheabschlusses als Zeitpunkt des Beginns der Verjährung ergeben hätte.

Auch die Wirkung der Verjährung des Aussteueranspruchs bestimmt sich nach den allgemeinen Grundsätzen. Die mit Ablauf der Verjährungsfrist eintretende Vollendung der Verjährung hat nicht das Erlöschen, die Präklusion des Anspruchs zur Folge, sondern begründet für den Verpflichteten lediglich das Recht, die Aussteuerleistung und zwar für immer zu verweigern (§ 222), also eine peremtorische Einrede. Da der Aussteueranspruch durch den Eintritt der Verjährung in seinem Bestande unberührt bleibt, kann der verjährte Anspruch immer noch Grundlage für die vertragsmäßige Anerkennung (§§ 781, 782) und Sicherheitsleistung sein (§ 222 Abs. 2). Mit der verjährten Aussteuerforderung kann noch unter den Voraussetzungen des § 390 Satz 2 aufgerechnet werden. Es bleibt dem in Anspruch genommenen Elternteil überlassen, die Einrede der Verjährung geltend zu machen, das Einrederecht unterliegt auch im übrigen vollkommen der rechtsgeschäftlichen Verfügung des Berechtigten.

Abweichend von den allgemeinen Grundsätzen ist lediglich die Verjährungsfrist bestimmt, die im § 1623 Satz 2 mit Rücksicht auf die Natur des Anspruchs (Prot. IV, 323), der baldige

Befriedigung nach der Eheschließung erheischt, auf ein Jahr bemessen ist. Dieser kurzen Verjährungsfrist unterliegt nur der sich unmittelbar auf § 1620 stützende Anspruch, nicht etwa der durch Rechtsgeschäft begründete Aussteueranspruch. Gründet sich der Aussteueranspruch auf Rechtsgeschäft (Aussteuerversprechen u. dergl.), so beträgt die Verjährungsfrist 30 Jahre (§ 195). Dies war bereits im sächsischen Rechte anerkannt (Annalen d. Ob.App.-Ger. Dresden N. F. 9 S. 454). Ist der gesetzliche Aussteueranspruch rechtskräftig festgestellt oder liegt eine der im § 218 Abs. 1 Satz 2 angegebenen Voraussetzungen vor, so unterliegt auch der gesetzliche Aussteueranspruch nicht der einjährigen, sondern der 30jährigen Verjährung (§ 218).

Der Lauf der Verjährungsfrist ist a die ad diem zu berechnen. Nach der verlängernden Berechnungsweise des § 187 Abs. 1 wird der Tag der Eheschließung nicht in die Jahresfrist eingerechnet, sodaß die Frist erst mit dem nächsten Tage beginnt. Die Vollendung der Verjährung tritt mit dem Ablauf desjenigen Tages des gleichbenannten Monats des folgenden Jahres ein, der durch seine Zahl dem Tage der Eheschließung entspricht (§ 188 Abs. 2).

§ 12.
Die Einreden des § 1621.

Außer dem eben erwähnten Falle der Verjährung werden besondere Rechte der Eltern, gegenüber einem an sich begründeten gesetzlichen[1] Aussteueranspruche der Tochter die Aussteuergewährung zu verweigern (Einreden im technischen Sinne des

[1] Selbstverständlich können die Einreden des § 1621 nur gegenüber dem sich unmittelbar auf das Gesetz gründenden Aussteueranspruche, nicht auch gegenüber einem durch Vertrag begründeten Rechte auf Gewährung einer Aussteuer geltend gemacht werden. Möglicherweise hat sich die Tochter die Gewährung einer Aussteuer gerade deshalb durch besonderen Vertrag ausbedungen, weil ihrem gesetzlichen Anspruche Einreden entgegenstanden. Verpflichten sich die Eltern trotz Kenntnis der eine Einrede begründenden Tatsachen durch Vertrag zur Gewährung einer Aussteuer, so würde wohl auch in dem Vertragsabschlusse ein stillschweigender Verzicht auf die Einrede zu erblicken sein.

BGB.) durch das Gesetz im § 1621 begründet. Die Geltendmachung dieser (peremtorischen) Einreden steht im Belieben der Eltern, die über die Rechte auch durch Rechtsgeschäfte, insbesondere durch Verzicht oder Vergleich, verfügen können. Im Prozeß hat der in Anspruch genommene Elternteil die seine Einrede stützenden Tatsachen zu beweisen.

I. Die beiden Einreden des § 1621 sind an gesetzlich genau bestimmte Voraussetzungen geknüpft.

1. Nach Abs. 1 ist ein Aussteuerverweigerungsrecht begründet, wenn sich die Tochter ohne die erforderliche elterliche Einwilligung verheiratet. Da das Gesetz die nach § 1304 zur Eheschließung erforderliche Einwilligung des gesetzlichen Vertreters nicht erwähnt, ist anzunehmen, daß es das Aussteuerverweigerungsrecht auf den Fall der Nichteinholung der elterlichen Einwilligung beschränken will. Dies ist von Bedeutung dann, wenn die Tochter zur Verehelichung zwar der elterlichen Einwilligung noch bedarf, die des gesetzlichen Vertreters aber nicht mehr einzuholen braucht. Diese Möglichkeit ist gegeben, sobald eine noch nicht 21 Jahre alte Tochter für volljährig erklärt worden ist. In Ansehung der Aussteuerpflicht ist es gleichgültig, ob der gesetzliche Vertreter einer Tochter, mag sie nun das 21. Lebensjahr überschritten haben (z. B. im Falle der vorläufigen Vormundschaft oder der Vormundschaft über die volljährige entmündigte Tochter, §§ 114, 1896, 1906) oder nicht, die erforderliche Einwilligung zur Verehelichung erteilt oder verweigert (a. M. Süssheim S. 397). Praktisch wird dies keine Rolle spielen, weil meist der Konsensberechtigte des § 1304 mit dem des § 1305 identisch sein wird. Es wird nicht vorkommen, daß ein Vater in seiner Eigenschaft als gesetzlicher Vertreter die Eheschließung der Tochter genehmigt, im übrigen aber die elterliche Einwilligung zur Eheschließung verweigert. Das Aussteuerverweigerungsrecht ist mithin eng begrenzt, da es nur gegenüber Töchtern unter 21 Jahren zulässig ist. Ein an die Kommission zur Beratung des Entwurfs II gebrachter Antrag, der den Eltern ein Aussteuerverweigerungsrecht allgemein, also auch gegenüber Töchtern über 21 Jahren bei dem Vorhandensein eines wichtigen Grundes zur Verweigerung des Ehekonsenses geben wollte (Prot. IV, 317), wurde von der Mehrheit ab-

gelehnt (Prot. IV, 321). Den Eltern sollte nicht die Möglichkeit gegeben werden, durch die Aussteuerverweigerung die Eheschließung der Tochter auch dann zu hindern, wenn diese sich ohne Zustimmung der Eltern verehelichen dürfe. Da die Einrede der Eltern nur an die Tatsache der konsenslosen Verheiratung der Tochter geknüpft ist, fällt die Einrede weg, wenn die ohne wichtigen Grund verweigerte Einwilligung des Elternteils auf Antrag der für volljährig erklärten, aber noch nicht 21 Jahre alten Tochter gemäß § 1308 durch rechtskräftigen (§ 53 Ges. freiw. Ger.) Beschluß des Vormundschaftsgerichts ersetzt wird. Im allgemeinen kann die Verweigerung des Ehekonsenses sowohl bei der noch minderjährigen, als auch bei der für volljährig erklärten Tochter grundlos erfolgen (Prot. IV, 321, 322); ein Mittel zur Beseitigung ungerechtfertigter Verweigerung wird jedoch der für volljährig erklärten Tochter durch das Antragsrecht des § 1308 gewährt.

Voraussetzung des Aussteuerverweigerungsrechts der Eltern ist lediglich die Eingehung der Ehe ohne, nicht etwa nur die Eingehung der Ehe gegen den Willen der Eltern. Der in Anspruch genommene Elternteil hat zur Begründung seiner Einrede nur den Nachweis zu erbringen, daß die Einwilligung des Konsensberechtigten nicht eingeholt worden ist (siehe auch Prot. IV, 321). Daß der Tochter die Eheschließung auch ohne den Nachweis der elterlichen Einwilligung — etwa im Auslande — gelungen ist, kommt nicht in Betracht. Wenn der Tochter für eine frühere Ehe wegen Nichterteilung der erforderlichen elterlichen Einwilligung zur Eheschließung die Aussteuer verweigert worden ist, so berechtigt dies die Eltern zur Verweigerung der Aussteuer für eine spätere konsentierte Ehe der Tochter ebensowenig wie für eine Ehe, die die Tochter nach Vollendung des 21. Lebensjahres ohne Einwilligung der Eltern abschließt.

2. Das Recht, die Aussteuer zu verweigern, haben die Eltern auch dann, wenn sich die Tochter einer Verfehlung schuldig gemacht hat, die den Verpflichteten berechtigt, ihr den Pflichtteil zu entziehen (§ 1621 Abs. 2). Die einzelnen Gründe zur Pflichtteilsentziehung, auf die hier nicht näher einzugehen ist, sind in dem hierfür allein in Betracht kommenden § 2333 erschöpfend

aufgezählt. Sind Gründe zur Pflichtteilsentziehung vorhanden, so ist der Aussteuerpflichtige zur vollständigen Verweigerung der Aussteuer berechtigt; § 1621 geht also in dieser Hinsicht weiter als § 1611, nach dem unter ähnlichen Umständen der Unterhaltsanspruch des Berechtigten lediglich dem Umfange nach beschränkt wird. Ob die Verfehlung vor oder nach dem Eheschlusse erfolgt ist, ist für die Begründung der Einrede gleichgültig (ebenso Opet S. 157), der Aussteuerpflichtige kann jede bis zur Erhebung des Aussteueranspruchs erfolgte Verfehlung geltend machen. Daß die Einrede bereits im Zeitpunkte der Nativität des Aussteueranspruchs begründet sein müsse, wird weder im Gesetz gefordert, noch ist dies aus den allgemeinen Rechtslehren zu schließen. Wenn der Elternteil wegen einer nach der Eheschließung begangenen Verfehlung die Aussteuer nicht verweigern dürfte, trotzdem er gleichzeitig der Tochter wegen dieser Verfehlung den Pflichtteil entziehen kann, so würde dies einen Widerspruch enthalten, den das Gesetz durch § 1621 gerade ausschließen wollte. Ein Recht zur Kondizierung der gewährten Aussteuer ist nicht begründet, wenn die zur Pflichtteilsentziehung berechtigende Verfehlung erst nach Hingabe der Aussteuer erfolgt, wohl aber, wenn die Verfehlung schon vor der Gewährung der Aussteuer begangen war und der Aussteuerpflichtige die Aussteuer in Unkenntnis der Verfehlung zugewendet hat (§§ 812, 813).

II. Zweifelhaft ist, ob jeder der beiden Ehegatten ein Leistungsverweigerungsrecht gegenüber der Tochter beanspruchen kann, wenn die Einrede nach den gegebenen Tatsachen zunächst nur für den einen Ehegatten begründet scheint. Insbesondere ist zu untersuchen, ob in dieser Hinsicht die Fälle des Abs. 1 und des Abs. 2 des § 1621, was ja die Fassung („das Gleiche gilt") zunächst vermuten läßt, gleichbehandelt werden können.

1. In Absatz 1 des § 1621 sagt das Gesetz: „der Vater und die Mutter können die Aussteuer verweigern, wenn sich die Tochter ohne die erforderliche elterliche Einwilligung verheiratet." Erforderlich ist im Einzelfalle die Einwilligung nur einer Person, entweder des Vaters oder der Mutter (§§ 1305, 1306). Trotzdem ist, gleichviel, wessen Einwilligung zur Eheschließung erforderlich ist, das Verweigerungsrecht nach dem Wortlaut des Gesetzes

beiden Eltern in gleicher Weise gegeben. Der Mangel der Einwilligung des konsensberechtigten Elternteils kann also gegenüber der aussteuerbegehrenden Tochter von jedem, auch von dem im konkreten Falle nicht konsensberechtigten Elternteile geltend gemacht werden. Die irrelevante Einwilligung des Nichtkonsensberechtigten berührt die Einrede des Berechtigten nicht, nach dem Wortlaute des Gesetzes selbst nicht die auf die Verweigerung der elterlichen Einwilligung durch den Konsensberechtigten gestützte Einrede des mit der Eheschließung einverstandenen Nichtkonsensberechtigten. Oft wird nun der Aussteuerpflichtige gleichzeitig der Konsensberechtigte sein. Ein Fall, in dem der Aussteuerpflichtige mit dem Konsensberechtigten nicht identisch ist, liegt jedoch z. B. dann vor, wenn der aussteuerpflichtige Vater zur Abgabe einer Erklärung wegen schwerer Erkrankung dauernd außerstande ist (§ 1305 Abs. 2) oder wenn er bei Eingehung einer nichtigen Ehe allein bösgläubig gewesen ist (§§ 1701, 1305 Abs. 1 Satz 2); in diesen Fällen ist die nicht aussteuerpflichtige Mutter konsensberechtigt. — Der in Anspruch Genommene ist nicht mit der Einwendung zu hören, der Konsensberechtigte habe den Konsens mit Grund verweigern können (siehe auch Prot. IV, 321), denn die tatsächliche Verweigerung oder Erteilung der Genehmigung zur Eheschließung durch den Berechtigten ist entscheidend. Ebenso behält oder verliert der Vater die Nutznießung am Tochtervermögen, je nachdem sich die Tochter ohne oder mit Einwilligung der konsensberechtigten Mutter verehelicht hat (§§ 1661, 1305 Abs. 2), ohne Rücksicht darauf, ob er selbst die Genehmigung zur Eheschließung gab oder verweigerte.

Der § 1621 hat zunächst nur die Aussteuerpflicht der leiblichen Eltern im Auge. Da aber aussteuerpflichtig und konsensberechtigt auch andere Personen als die leiblichen Eltern sein können, müssen auch diesen die Einreden des § 1621 zustehen, und zwar auch hier ohne Rücksicht darauf, ob der Ehekonsensberechtigte mit dem Aussteuerpflichtigen identisch ist oder nicht. So hat die Verletzung der Pflicht zur Einholung der Eheeinwilligung des Annehmenden (§ 1306) in Ansehung der Aussteuerpflicht die gleichen Wirkungen, wie die Verletzung des Einwilligungsrechts der leiblichen Eltern.

2. Der Fall des Absatzes 2 des § 1621 ist anders zu behandeln. Aus den Anschlußworten „das Gleiche gilt“ darf lediglich gefolgert werden, daß die Einrede des Absatzes 2 im konkreten Falle sowohl dem Vater als der Mutter zustehen kann. Keineswegs soll damit gesagt sein, daß ein in der Person des einen Ehegatten entstandener Verweigerungsgrund gleichzeitig für den andern Ehegatten ein Verweigerungsrecht begründe. Denn nach dem Wortlaut des Gesetzes muß die Verfehlung den Verpflichteten, d. h. den als Aussteuerpflichtigen rechtmäßig in Anspruch Genommenen zur Pflichtteilsentziehung berechtigen. Der von der Tochter als Aussteuerpflichtiger in Anspruch Genommene kann sich nicht darauf berufen, daß der andere Ehegatte zur Pflichtteilsentziehung berechtigt sei. Dabei ist aber auf folgendes hinzuweisen. Nach § 2333 Nr. 1 bis 3 hat der Erblasser das Recht, dem Abkömmlinge den Pflichtteil zu entziehen, nicht nur dann, wenn der Abkömmling eine bestimmte strafbare Handlung gegen den Erblasser selbst, sondern auch dann, wenn der Abkömmling die strafbare Handlung gegen den Ehegatten des Erblassers begangen hat (im Fall des § 2333 Nr. 2 jedoch nur mit dem Vorbehalt, daß der Abkömmling von dem verletzten Ehegatten abstammt). In dem angegebenen Umfange kann der als Aussteuerpflichtiger in Anspruch genommene Ehegatte auch wegen einer gegen den andern Ehegatten begangenen Verfehlung aus eignem Rechte, weil er selbst zur Pflichtteilsentziehung berechtigt ist, die Einrede des § 1621 Abs. 2 geltend machen. — Auch die Einrede des § 1621 Abs. 2 kann andern Personen als den leiblichen Eltern, z. B. dem Annehmenden zustehen. Nicht möglich ist jedoch, daß der aussteuerpflichtige Annehmende wegen einer von der Tochter gegen ihre leiblichen Eltern begangenen Verfehlung der im § 2333 bezeichneten Art die Aussteuergewährung dieser Tochter verweigert.

III. Zweifelhaft erscheint, ob die für den in Anspruch genommenen Elternteil bei oder nach Entstehen des Aussteueranspruchs begründete Einrede dem Elternteil erhalten bleibt, sofern die Grundlagen der Einrede noch vor Geltendmachung des Aussteueranspruchs wegfallen. Daß dies geschieht, ist sehr wohl denkbar. Nach § 1305 bedarf die Tochter der vorherigen Zustimmung des Berechtigten zur Eheschließung (§ 183). Da es sich bei der Eheschließung nicht um ein Rechtsgeschäft handelt, welches ohne die vorherige Zustimmung unwirksam wäre (der Mangel der elterlichen Einwilligung hat nach den §§ 1323, 1330 auf die Gültigkeit der Ehe keinen Einfluß) und die Nichteinholung der Einwilligung lediglich Nebenwirkungen äußert (§§ 1621 Abs. 1 und 1661 Satz 2), so kann wohl angenommen werden, daß die Zustimmung der Eltern auch nachträglich erteilt werden kann (Genehmigung, § 184), umsomehr, als auch der gesetzliche Vertreter eine ohne seine Einwilligung geschlossene Ehe nachträglich genehmigen kann (arg. § 1337). Ferner können auch die Wirkungen einer der im § 2333 bezeichneten Verfehlungen der Tochter durch nachträgliche Verzeihung beseitigt werden, denn nach § 2337 erlischt durch Verzeihung das Recht des Erblassers zur Pflichtteilsentziehung.

1. Ist eine durch den Konsensberechtigten nachträglich genehmigte Ehe mit Rücksicht auf § 184 als konsentiert zu betrachten, so ist, trotzdem das Gesetz das Verweigerungsrecht des § 1621 lediglich an die Tatsache der Verheiratung ohne die erforderliche elterliche Einwilligung knüpft, anzunehmen, daß der Aussteuerpflichtige des ihm zur Zeit der Eheschließung zustehenden Verweigerungsrechts verlustig gegangen ist. Denn da der Mangel der elterlichen Einwilligung vollständig geheilt und das Einverständnis zwischen Eltern und Tochter wiederhergestellt, mithin also der eigentliche Grund des im § 1621 begründeten Verweigerungsrechts weggefallen ist, besteht kein Grund für die Fortdauer des Verweigerungsrechts. Ähnlich wird im Fall des § 1661 Satz 2 die elterliche Nutznießung in der Regel nachträglich beendigt, wenn die erforderliche elterliche Einwilligung erst nach der Eheschließung erteilt wird (Planck, Erl. zu § 1661, Mot. IV S. 796). Übrigens würde man wohl in der nachträglichen Genehmigung der Eheschließung oder der nachträglichen Verzeihung der Verfehlung gleichzeitig einen stillschweigenden Verzicht auf die Einrede des § 1621 erblicken können.

2. Was § 1621 Abs. 2 betrifft, so ist nicht zu verkennen, daß das Verweigerungsrecht der Eltern nicht durch das Bestehen des Rechtes, den Pflichtteil zu entziehen, sondern durch das Vor-

handensein bestimmt gearteter Tatsachen, die dieses Recht begründen, bedingt ist. Sinnentsprechend könnte man aber den Wortlaut des Gesetzes etwa folgendermaßen formulieren: „Das Gleiche gilt, wenn der Verpflichtete berechtigt ist, der Tochter wegen einer Verfehlung nach § 2333 den Pflichtteil zu entziehen.“ Diese Formulierung, die sich übrigens mit der Fassung des § 1621 im Entwurf zweiter Lesung (§ 1516) deckt, erscheint berechtigt, da der Gesetzgeber anscheinend eine Gleichbehandlung beider Fälle beabsichtigt hat (s. Prot. IV, 322) und eine analoge Anwendung des § 2337 auf § 1621 nahe liegt. Ein innerer Grund, die minder bedeutungsvolle Konsequenz der Verfehlung der Tochter, das Aussteuerverweigerungsrecht fortbestehen zu lassen, nachdem die wichtigste Konsequenz der Verfehlung, das Pflichtteilsentziehungsrecht in Wegfall gekommen ist, besteht nicht. Mit dem Rechte zur Entziehung des Pflichtteils kommt deshalb auch das Aussteuerverweigerungsrecht zum Erlöschen. Daß die Verzeihung der Verfehlung erst nach dem Eheschlusse und nicht vorher, vor dem Entstehen des Aussteueranspruchs erfolgt ist, kann keinen Unterschied begründen, da, wie schon oben betont worden ist, nicht der Zeitpunkt der Eheschließung, sondern der der Geltendmachung des Aussteueranspruchs für die Frage der Begründung der Einreden entscheidend ist. Zur Unterstützung der Ansicht, daß die Einrede des § 1621 Abs. 2 durch Verzeihung der Verfehlung verloren gehe, könnte schließlich wohl auch auf den Wortlaut des Gesetzes Bezug genommen werden (beachte das Präsens „berechtigt“), wenngleich dieser einen sicheren Schluß in dieser Hinsicht nicht zuläßt. Es ließe sich hiernach sagen: Eine zur Zeit der Geltendmachung des Aussteueranspruchs verziehene Verfehlung berechtigt den Aussteuerpflichtigen nicht mehr zur Pflichtteilsentziehung, auf sie kann sich daher der in Anspruch Genommene nicht mehr berufen.

Die hier vertretene Ansicht teilt Planck (Erl. 2 zu § 1621). Dagegen meinen Opet (S. 157) und Spahn (S. 70), daß die einmal gewonnene Einrede weder durch nachträgliche Genehmigung der Eheschließung, noch durch Verzeihung der Verfehlung verloren werde. Staudinger (Erl. 1 zu § 1621) hält nur einen Wegfall der Einrede des § 1621 Abs. 2, nicht auch der des Abs. 1 für möglich.

§ 13.

Die Übertragbarkeit des Aussteueranspruchs und der Aussteuerverpflichtung.

Soweit nichts Abweichendes gesetzlich vorgeschrieben ist, kann jedes Recht im Wege des Rechtsgeschäfts (§§ 398 ff.) oder kraft Gesetzes (z. B. durch Erbgang oder Eintritt der Gütergemeinschaft § 1438) übertragen werden, die Übertragung durch gerichtliche Anordnung (Überweisung an Zahlungsstatt) ist dagegen nur in beschränktem Umfange zulässig (CPO. §§ 835 ff., 849). Auch Pflichten können im allgemeinen immer durch Rechtsgeschäft (Schuldübernahme §§ 414 ff.) oder kraft Gesetzes (Erbgang) übertragen werden. Es ist zu erörtern, ob die Behandlung des gesetzlichen Aussteueranspruchs und der gesetzlichen Aussteuerpflicht den allgemeinen Grundsätzen folgt und inwieweit, insbesondere hinsichtlich welcher Übertragungsarten das Gesetz Abweichendes bestimmt.

I. Nach positiver Bestimmung (§ 1623 Satz 1) ist der Aussteueranspruch im Wege des Rechtsgeschäfts nicht übertragbar. Die Ausnahme von der sich aus §§ 398, 413 ergebenden Regel der Übertragbarkeit der Rechte ist im Wesen des Aussteueranspruchs begründet. Der Aussteueranspruch ist ein höchstpersönlicher, einer bestimmten Person wegen ihrer familienrechtlichen Stellung zu dem Verpflichteten zustehender und durchaus individueller, nach den persönlichen Verhältnissen der Beteiligten sich bemessender (wenn auch vermögensrechtlicher) Anspruch. Naturgemäß sind die allermeisten familienrechtlichen Ansprüche weder durch Rechtsgeschäft noch kraft Gesetzes übertragbar, auch der dem Aussteueranspruch in gewisser Hinsicht verwandte Unterhaltsanspruch ist aktiv (und sogar passiv) durch Rechtsgeschäft nicht übertragbar. Gegenüber den anderen familienrechtlichen Ansprüchen nimmt jedoch der Aussteueranspruch, worauf an verschiedenen Stellen schon hingewiesen worden ist, eine Ausnahmestellung ein, weil er ein rein vermögensrechtlicher Anspruch ist. Das Gesetz hat deshalb die rechtsgeschäftliche Unübertragbarkeit durch ausdrückliche Bestimmung außer Zweifel gestellt.

Durch § 1623 Satz 1 wird das Verfügungsrecht des Aussteuergläubigers beschränkt. Ein Pfandrecht oder ein Nießbrauch kann an dem Aussteueranspruche nicht begründet werden (§§ 1069, 1274; über die ehemännliche Nutznießung am Aussteueranspruche s. unten § 14). Die Zession des Aussteueranspruchs ist nichtig (§ 134). Eine Verpflichtung zum Ersatz des negativen Interesses aus §§ 307, 309 wird sich aus solchem Zessionsvertrag wohl für keinen der Kontrahenten ergeben, da im Normalfall der etwaige Rechtsirrtum hinsichtlich der Übertragbarkeit des Aussteueranspruchs als unentschuldbar anzusehen sein wird und beide Kontrahenten die Verbotswidrigkeit ihres rechtsgeschäftlichen Handelns kennen mußten. Gegen den Aussteueranspruch kann nicht aufgerechnet werden (§ 394 Satz 1), auch wenn die Voraussetzungen des § 387 vorliegen. Hingegen erscheint die Aufrechnung mit dem Aussteueranspruche gegen eine Forderung des Verpflichteten unter den Voraussetzungen des § 387 zulässig, außer wenn sich für den Verpflichteten ein Leistungsverweigerungsrecht (etwa aus § 1621) ergeben sollte (§ 390). Durch § 1623 Satz 1 ist der Aussteueranspruch auch den Zugriffen und dem Einflusse der Gläubiger des Aussteuergläubigers entzogen. Der Aussteueranspruch ist der Pfändung nicht unterworfen (§§ 857 Abs. 1, 851 Abs. 1 CPO.), eine Überweisung des Aussteueranspruchs an einen Pfandgläubiger kann deshalb nicht in Frage kommen. Eine ohne Rücksicht auf die Unpfändbarkeit erfolgte Pfändung kann die Aussteuerberechtigte nach § 766 CPO. rügen. Im Falle des Konkurses der Ehefrau kann der Aussteueranspruch nicht zur Konkursmasse gezogen werden, gleichgültig, ob die Ehefrau nach gesetzlichem Güterrechte oder nach den Grundsätzen der Gütergemeinschaft lebt (§§ 1, 2 KO., 851 CPO., 1439, 1522, 1549 BGB). Durch das Konkursverfahren über das Vermögen des Ehemannes bleibt der Aussteueranspruch der Ehefrau natürlich unberührt (§§ 1, 2 KO). — Über die Wirkungen der Unübertragbarkeit des Aussteueranspruchs in ehegüterrechtlicher Beziehung siehe unten § 14.

II. Über die Übernahme einer fremden Aussteuerpflicht ist im Gesetz keine ausdrückliche Bestimmung getroffen. Es könnte der Gedanke auftauchen, das Gesetz wolle ähnlich wie bei dem Unterhaltsanspruch nicht nur einen Wechsel des Gläubigers, sondern auch einen Wechsel des Schuldners ausschließen. Dies trifft aber nicht zu. Die Übernahme der Aussteuerschuld durch einen Dritten ist mangels einer entgegenstehenden gesetzlichen Bestimmung für zulässig zu erachten, da die Schuldübernahme dem Wesen der Aussteuerschuld nicht widerspricht. Die Aussteuerschuld ist eine Schuld rein vermögensrechtlicher Natur, deren Erfüllung nicht notwendig durch den ursprünglich nach dem Gesetz dazu Verpflichteten erfolgen muß; die Aussteuerschuld könnte auch durch einen Dritten erfüllt werden (§ 267). Die Aussteuerschuld unterliegt auch im übrigen der Parteidisposition (Vergleich, Verzicht, Erlaßvertrag usw.). Das Interesse der Tochter kann durch die Schuldübernahme nicht verletzt werden, da ihre Mitwirkung zur Perfektion der Schuldübernahme erforderlich ist, sei es, daß sie den Schuldübernahmevertrag selbst mit dem Neuschuldner abschließt (§ 414), sei es, daß sie den zwischen Ur- und Neuschuldner abgeschlossenen Schuldübernahmevertrag zu genehmigen hat (§ 415).

Voraussetzung der Schuldübernahme ist,

a) daß die Aussteuerschuld in der Person des Verpflichteten begründet ist. Doch wird auch eine durch das Entstehen der Schuld vorläufig noch bedingte Schuldübernahme zukünftiger Schulden in der Literatur für zulässig erachtet (Schollmeyer, S. 397 Nr. 5).

b) daß ein Schuldübernahmevertrag zwischen dem Gläubiger und dem Neuschuldner oder dem Neu- und Urschuldner unter Beitritt des Gläubigers abgeschlossen wird.

Der von der Gläubigerin gegen den Neuschuldner geltend gemachte Anspruch beurteilt sich nach den Verhältnissen, insbesondere nach der Leistungsfähigkeit des Urschuldners, denn die Aussteuerschuld geht auf den Neuschuldner so über, wie sie in der Person des Urschuldners begründet war. Der Neuschuldner behält nach § 417 die Einwendungen des Urschuldners, die sich aus dem Rechtsverhältnisse zwischen dem Gläubiger und dem Urschuldner ergeben, also auch die Einreden und Einwendungen der §§ 1621, 1622.

III. An der Zulässigkeit der Übertragung des Aussteueranspruchs und der Aussteuerpflicht durch Gesetz kann ebenfalls nicht gezweifelt werden. § 1623 Satz 1 besagt: Der Anspruch auf die Aussteuer ist nicht übertragbar, d. h. kann nicht — inter vivos, durch Rechtsgeschäft — übertragen werden. § 1623 will also nur die rechtsgeschäftliche Übertragung des Aussteueranspruchs ausschließen und läßt die Fälle außer Betracht, in denen ein Übergehen des Aussteueranspruchs ohne rechtsgeschäftliche Tätigkeit kraft Gesetzes stattfindet. Das Gegenteil kann nicht daraus geschlossen werden, daß das BGB. die Bezeichnung Übertragung sowohl für die rechtsgeschäftliche als auch für den kraft Gesetzes erfolgenden Übergang gebraucht (s. z. B. §§ 412, 1154 u. a.) Indem das Gesetz im § 1620 Abs. 2 die analoge Anwendung des § 1607 Abs. 2 vorschreibt, ordnet es selbst für einen Fall (§ 1607 Abs. 2 Satz 2) den Übergang des Aussteueranspruchs vom Berechtigten auf eine andere Person an. Kraft Gesetzes würde der Aussteueranspruch auch im Falle des § 1438 übergehen und gemeinschaftliches Vermögen beider Ehegatten werden, wenn dies nicht durch die Sonderbestimmung des § 1439 ausgeschlossen wäre. Wie die Schuldübernahme ist auch der Schuldübergang — die Übertragung der Aussteuerschuld kraft Gesetzes — denkbar. Würde für die Aussteuerschuld eine Hypothek bestellt werden können — tatsächlich ist dies nicht möglich, weil eine Hypothek nur für eine Geldschuld begründet werden kann (Planck, Erl. zu § 1113 Nr. 5) und die Aussteuerschuld in erster Linie keine Geldschuld ist (s. oben § 9) —, so könnte im Falle der Zwangsversteigerung des verpfändeten Grundstücks die Aussteuerschuld auf Grund des § 53 des Zwangsverst.-Ges. auf den Ersteher übergehen. Übernimmt jemand das Vermögen des Aussteuerschuldners, so kann der Aussteueranspruch gegen den Erwerber geltend gemacht werden (§ 419). Dem liegt allerdings kein Schuldübergang, sondern nur die Begründung eines Gesamtschuldverhältnisses zugrunde (§ 421, Planck, Erl. 1 zu § 419). Immerhin spricht die Möglichkeit der Begründung eines derartigen Gesamtschuldverhältnisses auch für die Zulässigkeit des Übergangs der Aussteuerschuld kraft Gesetzes.

Auf den Hauptfall des Übergangs des Aussteueranspruchs und der Aussteuerpflicht kraft Gesetzes, den Fall der Erbfolge, ist hier näher einzugehen, umsomehr als in der Literatur gerade über diesen Punkt Streit herrscht. Hauptsächlich Planck (Erl. zu § 1623), Fränkel (S. 121), Staudinger (Erl. zu § 1623) und

Fischer-Henle (Erl. 3 zu § 1623) vertreten die Ansicht der unbeschränkten aktiven und passiven Vererblichkeit von Aussteuerrecht und Aussteuerpflicht nach Maßgabe der allgemeinen Grundsätze. Eine nur von wenigen vertretene Gegenmeinung bejaht zwar die aktive Vererblichkeit unbeschränkt, die passive Vererblichkeit jedoch nur unter der Voraussetzung, daß der Aussteueranspruch noch bei Lebzeiten des Aussteuerpflichtigen rechtshängig geworden ist (so ohne nähere Begründung Opet S. 154) oder verneint die passive Vererblichkeit unbedingt (so anscheinend Matthias II, 277, dessen Fassung unklar ist). Der Grundsatz des Römischen Rechts, wonach der Anspruch auf Gewährung einer dos als ein höchstpersönliches, mit der Beendigung der Ehe erlöschendes Recht nicht vererbt wird, kann auf den Aussteueranspruch des BGB. nicht übertragen werden, denn dieser ist seinem Charakter nach von dem des Anspruchs auf Gewährung einer dos durchaus verschieden. Der Aussteueranspruch des BGB. ist zwar ein höchstpersönlicher, dem individuellen Bedürfnisse der Berechtigten sich anpassender, andererseits aber doch rein vermögensrechtlicher Anspruch. Gerade für die Frage der Vererblichkeit ist auf die letztgenannte Eigenschaft das Hauptgewicht zu legen. Den Interessen der Erben der Berechtigten würde es widerstreiten, wenn der Tod der Berechtigten, die sich vielleicht eine Aussteuer infolge des Verzugs des Aussteuerpflichtigen aus eigenen Mitteln anschaffen mußte, die bereits entstandene Verpflichtung des Aussteuerschuldners zum Erlöschen brächte. Da diejenigen gesetzlichen Vorschriften, nach denen ein Anspruch nicht oder nur unter bestimmten Voraussetzungen auf die Erben übergeht (s. z. B. §§ 847, 1300, 1615), Ausnahmebestimmungen darstellen, ist eine analoge Anwendung solcher Bestimmungen auf den Aussteueranspruch ausgeschlossen. Das prinzipielle Erlöschen des Unterhaltsanspruchs im Falle des Todes des Berechtigten und des Verpflichteten ist aus dem eigenartigen Wesen dieses Anspruchs zu erklären. Eine Verallgemeinerung lassen auch die Bestimmungen der §§ 847, 1300 nicht zu. Durchaus willkürlich knüpft Opet (S. 154) die passive Vererblichkeit des Aussteueranspruchs an die Bedingung der Rechtshängigkeit des Anspruchs. Die §§ 847, 1300, in denen überdies nur die aktive Vererblichkeit beschränkt wird, stehen mit dem hier erörterten Falle in keinerlei Zusammenhang. Vielmehr beurteilt sich die aktive und passive Vererblichkeit des Aussteueranspruchs ganz nach den allgemeinen Grundsätzen. Auf diesem Standpunkte stehen auch die Gesetzesmaterialien (Denkschr. S. 222), die Kommission für die zweite Lesung hielt eine ausdrückliche Bestimmung, daß der Aussteueranspruch mit dem Tode des Berechtigten und Verpflichteten nicht erlösche, für überflüssig, weil sich dies schon aus den allgemeinen Grundsätzen ergebe (Prot. 4, 323).

Alleinige Voraussetzung sowohl des aktiven als auch des passiven Übergangs des Aussteueranspruchs im Wege der Erbfolge ist das Entstandensein des Aussteueranspruchs. Der aussteuerberechtigte Erblasser muß den Aussteueranspruch durch den Eheabschluß bereits erworben, der aussteuerpflichtige Erblasser muß den Zeitpunkt des Eheabschlusses noch erlebt haben. Vor Begründung des Aussteuerschuldverhältnisses durch Verheiratung existieren weder Rechte noch Pflichten; ein Übergang künftiger Rechte und Pflichten ist ohne Bestehen eines Schuldverhältnisses undenkbar. Ist der Vater bereits vor der Verheiratung der Tochter gestorben, so kommt die Aussteuerschuld in der Person der Mutter originär zur Entstehung. Es ist deshalb unkorrekt, den Eintritt der Aussteuerverpflichtung der Mutter gemäß § 1620 Abs. 1 Satz 2 als Schuldübergang zu bezeichnen (so Süssheim S. 393, Knitzschky S. 92).

Zu bemerken ist noch, daß durch den Erbgang das Zessionsverbot des § 1623 Satz 1 für die Person des Erben aufgehoben wird. Da § 1623 Satz 1 auf dem Gedanken beruht, daß der Aussteueranspruch ein höchstpersönlicher und der Tochter gerade wegen ihrer familienrechtlichen Stellung zu dem Verpflichteten zustehender Anspruch ist, kann der Rechtssatz nicht mehr gelten, wenn der Anspruch infolge Erbgangs auf Dritte, dem Aussteuerpflichtigen vielleicht ganz fremde Personen übergegangen ist, denn durch den Erbgang ist der höchstpersönliche Charakter des Anspruchs verloren gegangen. Für die Erben ist der Aussteueranspruch ein reines Vermögensobjekt, welches sie bei der Erbauseinandersetzung, sofern erforderlich, in Geld umsetzen müssen

(§ 2046 Abs. 3). Wie die Zession des Aussteueranspruchs durch den Erben ist demgemäß auch die Pfändung des Aussteueranspruchs bei dem Erben als zulässig anzusehen. Ähnlich unterliegt auch die bei dem ursprünglich Berechtigten nach § 1 des Lohnbeschlagnahmegesetzes unpfändbare Lohnforderung, da sie durch den Erbgang den wirtschaftlichen Charakter eines bestimmt gearteten Arbeitserfolges des Berechtigten einbüßt, in der Hand des Erben der Pfändung (Seuffert, Erl. zu § 850 CPO.).

III. Behandlung der Aussteuer und des Aussteueranspruchs im ehelichen Güterrechte.

§ 14.

a) Im allgemeinen.

Im Augenblicke des Entstehens des Aussteueranspruchs, mit der Verheiratung, tritt die Tochter in vermögensrechtlicher Beziehung in die gesetzlich genau abgegrenzte Rechtssphäre des Ehemannes. Sowohl der noch nicht erfüllte Aussteueranspruch als auch die vom Aussteuerpflichtigen bereits gewährte Aussteuer werden in bestimmtem Umfange dem Rechte des Ehemannes unterworfen, soweit überhaupt ein Recht des Ehemannes am Frauengute nach den einzelnen Güterrechten anerkannt ist.

I. Mit der Eheschließung wird im Güterstande der sog. Verwaltungsgemeinschaft (Verwaltung und Nutznießung) das gesamte Vermögen der Ehefrau, sofern es nicht Vorbehaltsgut wird, der Verwaltung und Nutznießung des Mannes unterworfen (§ 1363).

1. Gleichviel, ob die Tochter die Aussteuersachen mit in die Ehe einbringt oder der Aussteuerpflichtige der Tochter die Aussteuer erst nach der Eheschließung gewährt (§ 1363 Abs. 2), erlangt der Ehemann das Recht, die — Eigentum der Ehefrau bleibende — Aussteuer zu verwalten und ihre Nutzungen zu ziehen. Insbesondere kann er die Aussteuersachen in Besitz nehmen (§ 1373); dieses Besitzaneignungsrecht kann er im Prozeßwege verfolgen (Örtmann, Iherings Jahrb. 44 S. 207). Durch die Besitzergreifung erlangt der Ehemann unmittelbaren Besitz an

den Aussteuersachen, während die Ehefrau, der gegenüber der Mann auf die Dauer der Verwaltung und Nutznießung zum Besitz berechtigt ist, mittelbaren Besitz behält (§ 868; Strohal, Sachbesitz S. 21, Örtmann a. a. O. S. 207 ff., Sächs. Arch. XII S. 760). Dagegen hat die Ehefrau an den zum Vorbehaltsgut gehörigen Aussteuersachen im Normalfalle Alleinbesitz. An allen Aussteuersachen, sowohl an den zum eingebrachten Gute als auch an den zum Vorbehaltsgute gehörigen hat die Ehefrau Eigenbesitz (§ 872). Zufolge seines Besitzes hat der Ehemann aus eigenem Rechte und in eigenem Namen die possessorischen Klagen der §§ 861, 862. Diesen Besitzschutz genießt gemäß § 869 auch die Ehefrau, die jedoch zur selbständigen Geltendmachung der Besitzansprüche im Wege der Klage der ehemännlichen Zustimmung bedarf (§ 1400 Abs. 2). Gegen den Ehemann kann sie aber possessorischen Schutz nicht beanspruchen (Strohal a. a. O. S. 121). Hingegen steht der Ehefrau zufolge ihres mittelbaren Besitzes sowohl gegenüber dem Ehemann als auch gegenüber Dritten die Eigentumsvermutung des § 1006 Abs. 1 zu (§ 1006 Abs. 3); der Ehemann, der gegenüber der Ehefrau die Vermutung des § 1006 Abs. 1 für sich in Anspruch nimmt, hat das behauptete Nichtvorhandensein eines die Regel des § 1006 Abs. 3 begründenden Verhältnisses zu beweisen (Sächs. Archiv XII S. 760). Der Ehemann trägt die Kosten der Gewinnung der Nutzungen der zum eingebrachten Gute gehörenden Aussteuersachen, insbesondere auch die Kosten ihrer Erhaltung (§ 1384). Er kann ebenso wie die Ehefrau verlangen, daß der Bestand der Aussteuer, soweit sie eingebrachtes Gut ist, durch Aufnahme eines Verzeichnisses festgestellt werde, er kann auch den Zustand der Aussteuersachen auf seine Kosten durch Sachverständige feststellen lassen (§ 1372). Zu beachten ist, daß Haushaltsgegenstände, die der Mann an Stelle der von der Frau eingebrachten, nicht mehr vorhandenen oder wertlos gewordenen Gegenstände anschafft, wieder eingebrachtes Gut werden (§ 1382).

Soweit die Aussteuer Sachen enthält, die ausschließlich zum persönlichen Gebrauche der Ehefrau bestimmt sind, wie z. B. Kleider, Schmucksachen, Arbeitsgeräte und ähnliches, gilt sie als Vorbehaltsgut der Ehefrau (§ 1366), auf welches sich die Verwaltung und Nutznießung des Mannes nicht erstreckt (§ 1365). Durch Ehevertrag kann übrigens die gesamte Aussteuer der Ehefrau für Vorbehaltsgut erklärt werden (§ 1368). Vorbehaltsgut der Ehefrau wird ferner dasjenige, was die Ehefrau als Ersatz für die Zerstörung, Beschädigung oder Entziehung einer bisher zum Vorbehaltsgute gehörigen Aussteuersache erwirbt (§ 1370). Die Aussteuer ist in vollem Umfange auch dann Vorbehaltsgut, wenn der Aussteuernde bei der Aussteuergewährung (durch Erklärung gegenüber der Frau) bestimmt hat, daß die Aussteuer Vorbehaltsgut sein soll (Planck, Erl. zu § 1369). Doch ist im letzteren Falle die Bestimmung des Aussteuernden nur bei einer nach der Eheschließung erfolgenden Zuwendung wirksam; eine vor der Eheschließung mit der Bestimmung zugewendete Aussteuer, daß die Aussteuersachen in einer zukünftigen Ehe als Vorbehaltsgut angesehen werden sollen, kann nur auf Grund nachfolgenden Ehevertrags der beiden Eheleute oder Verlobten wirksam Vorbehaltsgut werden.[1]

Während die Ehefrau über die zum eingebrachten Gute gehörigen Aussteuersachen nur mit vorheriger Zustimmung des Ehemannes verfügen darf (§§ 183, 1395, bei Verträgen ist jedoch auch nachträgliche Genehmigung zulässig, § 1396) und ein sich als Verfügung über eingebrachte Aussteuersachen darstellendes einseitiges Rechtsgeschäft der Ehefrau (z. B. Dereliktion von Aussteuersachen, Planck, Erl. zu § 959) ohne vorherige Zustimmung des Ehemannes absolut unwirksam ist (§ 1398), hat die Ehefrau

---

[1] Ebenso u. a. Planck, Erl. zu § 1369, A. M. Staudinger, Erl. 2 zu § 1369 und Mantey bei Gruchot Bd. 43 S. 833 ff. § 1369 kann nur aus dem Zusammenhange heraus verstanden werden. Entscheidend ist wohl, daß das Gesetz in allen hier in Betracht kommenden Bestimmungen (s. §§ 1367 ff.) nur Erwerbe während der Ehe im Auge hat, so zweifellos im § 1370 und auch im § 1367, denn das vor der Eheschließung durch Arbeit Erworbene und das Erwerbsgeschäft selbst gehören zum eingebrachten Gute. Wenn im § 1369 ausnahmsweise auch ein vor der Eheschließung gemachter Erwerb als Vorbehaltsgut charakterisiert werden sollte, so hätte dies ausdrücklich hervorgehoben werden müssen. Auch in den Fällen der §§ 1440 Abs. 2 und 1526 Abs. 1 ist anzunehmen, daß die bloße Bestimmung nach § 1369 den Erwerb der Frau nur dann zum Vorbehaltsgut macht, wenn der Erwerb während des Bestehens der allgemeinen Gütergemeinschaft oder Errungenschaftsgemeinschaft erfolgt.

in Ansehung der zum Vorbehaltsgute gehörigen Sachen die Stellung einer unverheirateten Frau (§§ 1371, 1427 ff.). Die Gläubiger der Ehefrau, die aus den zum eingebrachten Gute gehörigen Aussteuersachen nicht ohne weiteres Befriedigung suchen können (§ 739 CPO.), dürfen in die zum Vorbehaltsgute gehörigen Aussteuersachen wegen ihrer Forderungen gegen die Ehefrau ohne Rücksicht auf deren familienrechtliche Stellung Zwangsvollstreckung (durch Pfändung, § 803 CPO.) führen. Zugunsten der Ehefrau gilt hinsichtlich der zum persönlichen Gebrauche bestimmten Aussteuersachen die Vermutung des § 1362 Abs. 2. Die Gläubiger des Mannes, die die Vermutung des § 1362 Abs. 1 allerdings für sich haben, können aus den Aussteuersachen keine Befriedigung suchen (§ 1410). Führen sie in die Aussteuersachen Zwangsvollstreckung, so steht der Ehefrau die Interventionsklage zu (§ 771 CPO., beachte § 1407 Nr. 4 BGB.).

2. Auch das sich auf § 1620 gründende Recht auf Gewährung einer Aussteuer, der Aussteueranspruch, gehört zum eingebrachten Gute der Ehefrau, denn dieses umfaßt sämtliche Vermögensrechte der Ehefrau, die nicht auf Grund der §§ 1365 ff. zum Vorbehaltsgute gehören (§ 1363). Die rechtsgeschäftliche Unübertragbarkeit des Aussteueranspruchs schließt seine Zugehörigkeit zum eingebrachten Gute der Ehefrau nicht aus, denn auch höchstpersönliche Rechte können Bestandteile des eingebrachten Gutes sein. Der Aussteueranspruch unterliegt der Verwaltung des Ehemannes, die weitaus wichtigste Verwaltungsbefugnis ist das Recht des Ehemannes, den Aussteueranspruch gerichtlich geltend zu machen (§ 1380, s. unten § 15). Dagegen umfaßt die Verwaltung nicht die Verfügung über den Aussteueranspruch; den Aussteueranspruch einzuziehen, insbesondere die Aussteuerleistung entgegenzunehmen vermag der Ehemann nur mit Zustimmung seiner Ehefrau. Der Aussteueranspruch unterliegt auch der ehemännlichen Nutznießung. Denn die Ausübung des Anspruchs kann seinem Inhalte nach auch durch einen anderen als den Berechtigten erfolgen (Planck, Erl. zu §§ 1363, 1366). Erhebliche praktische Folgen ergeben sich hieraus für den Ehemann jedoch nicht. Wichtig ist nur, daß der Ehemann am Gegenstande der Leistung Verwaltung und Nutznießung erwirbt (§ 1363 Abs. 2). — Zum Vorbehaltsgute gehört

der Aussteueranspruch nur dann, wenn dies durch Ehevertrag vereinbart worden ist (§ 1368). Es ist nicht angängig, den Aussteueranspruch teilweise, nämlich insoweit Aussteuersachen geschuldet werden, die zum Vorbehaltsgute gehören würden (§ 1366), dem Vorbehaltsgute zuzuweisen; auch durch Ehevertrag könnte wohl der Aussteueranspruch als durchaus einheitlicher auf die Leistung eines Sachinbegriffs gehender Anspruch nicht derart zerspalten werden. Der Ehemann kann den Aussteueranspruch als in vollem Umfange zum eingebrachten Gute gehörig geltend machen (Ebenso OLG. Köln, R. d. OLG. 4, 105 und OLG. Dresden, Jurist.-Zeitg. 1905 S. 320).

II. Was die im BGB. behandelten vertragsmäßigen Güterstände betrifft, so gehören im Fall der allgemeinen Gütergemeinschaft die Aussteuersachen zum Gesamtgut beider Ehegatten (§ 1438), sofern nicht die Aussteuer durch Ehevertrag zum Vorbehaltsgut der Ehefrau erklärt worden ist (§ 1440 Abs. 2) oder der Aussteuernde bei der — nach Eingehung der Ehe — erfolgten Zuwendung der Aussteuer bestimmt hat, daß die Aussteuer Vorbehaltsgut sein soll (§§ 1440 Abs. 2, 1369). In letzterem Falle ist die Frau in Ansehung der Aussteuersachen allein verfügungsberechtigt (§ 1441), während der Ehemann über die Aussteuersachen, wenn sie zum Gesamtgut gehören, unter gewissen Beschränkungen (s. z. B. § 1446) allein frei verfügen darf (§ 1443). Er ist berechtigt, die zum Gesamtgute gehörigen Aussteuersachen in Besitz zu nehmen, zu verwalten und hinsichtlich ihrer entstehende Rechtsstreitigkeiten zu führen (§ 1443). Als Teil des Gesamtguts haftet die Aussteuer für die Gesamtgutsverbindlichkeiten beider Ehegatten (§§ 1459 ff.). Bei der Auseinandersetzung gebührt der Ehefrau nur die Hälfte des nach Abzug der Gesamtgutsverbindlichkeiten verbleibenden Überschusses (§ 1476); will sie die zu ihrem persönlichen ausschließlichen Gebrauche bestimmten Aussteuersachen oder die gesamte Aussteuer übernehmen, so hat sie den Wert der Sachen zum Gesamtgut zu ersetzen (§ 1477 Abs. 2). Der Aussteueranspruch gehört als ein durch Rechtsgeschäft nicht übertragbarer Anspruch gemäß § 1439 Satz 1 zum sog. Sondergute der Ehefrau. A. M. (wohl nur irrtümlich) Planck, nach dem der Aussteueranspruch zum Gesamtgute gehört und daher nur vom

Ehemann geltend gemacht werden kann (Erl. 2 zu § 1620). Auf den Aussteueranspruch finden die bei der Errungenschaftsgemeinschaft für das eingebrachte Gut geltenden Vorschriften mit Ausnahme der über das Surrogationsprinzip (§ 1524) Anwendung (§ 1439 Satz 2). Der Mann verwaltet das Sondergut (§ 1525), ihm steht insbesondere das sich aus seiner Verwaltungsbefugnis ergebende Klagrecht des § 1380 zu. Vom Konkursverfahren über das Vermögen des Ehemannes, bei dem die bereits gewährte Aussteuer in die Konkursmasse fällt (§ 2 KO., vgl. aber § 811 CPO.), bleibt der Aussteueranspruch unberührt, ganz abgesehen davon, daß der Aussteueranspruch nicht einmal im Konkursverfahren über das Vermögen der Ehefrau zur Konkursmasse gezogen werden kann (CPO. § 851, KO. § 1 Abs. 1 und 4). Im gesetzlichen Güterstande kann zur Konkursmasse des Ehemannes weder Aussteuer noch Aussteueranspruch, und zur Konkursmasse der Ehefrau nur die Aussteuer, und zwar auch nur, soweit pfändbar (§ 811 CPO.) gezogen werden (KO. §§ 1, 43, 45).

Leben die Ehegatten nach dem Güterrechte der Errungenschaftsgemeinschaft, so gehört die Aussteuer in keinem Falle zum Gesamtgut (§ 1519). Ist die Aussteuer der Tochter vom Aussteuerpflichtigen bereits vor Eheabschluß, also vor dem Eintritte der Errungenschaftsgemeinschaft gewährt worden, so ist sie nach § 1520, und ist sie erst nach dem Eheschlusse während der Dauer der Errungenschaftsgemeinschaft zugewendet worden, so ist sie nach § 1521 (weil Unterart der Ausstattung) ats eingebrachtes Gut der Ehefrau zu behandeln (s. auch § 1523). Dazu kommt, daß nach § 1524 auch das, was auf Grund des in der Regel zum eingebrachten Gute gehörigen Aussteueranspruchs als Erfüllung erlangt wird, sei es nun Geld oder Aussteuersachen oder eine Leistung an Erfüllungsstatt, eingebrachtes Gut wird (Surrogationsprinzip). Zufolge Bestimmung des Zuwendenden oder auf Grund eines Ehevertrages kann die Aussteuer jedoch als Vorbehaltsgut aufzufassen sein (§§ 1526, 1369). Die Aussteuer wird vom Manne gemäß § 1525 für Rechnung und zum Vorteil des Gesamtguts verwaltet. Im übrigen hat sie eine ähnliche Stellung wie in dem gesetzlichen Güterstande (§ 1525 Abs. 2). Der Mann hat das Recht der Besitznahme und der Verwaltung der Aussteuersachen sowie der gerichtlichen Geltendmachung des Aussteueranspruchs, der zum eingebrachten Gute der Ehefrau gehört (§ 1522), außer wenn er durch Ehevertrag für Vorbehaltsgut der Ehefrau erklärt ist (§ 1526). Die Frau ist in der Verfügung über die zum eingebrachten Gute gehörigen Aussteuersachen ebenso beschränkt wie im gesetzlichen Güterrecht (§ 1395 ff.), hinsichtlich ihres Vorbehaltsguts hat dagegen die Frau die Stellung einer unverheirateten Frau (§ 1526 Abs. 3, § 1441). Sowohl eingebrachtes Gut als auch Vorbehaltsgut sind der Einwirkung der Gläubiger des Mannes entzogen (§§ 1525 Abs. 2, 1526 Abs. 3, 1441, 1427 ff.).

Bei der Fahrnisgemeinschaft gehört der Aussteueranspruch wie bei der Errungenschaftsgemeinschaft zum eingebrachten Gute der Ehefrau (§ 1552) und ist rechtlich wie im Falle der Errungenschaftsgemeinschaft zu behandeln (§ 1550 Abs. 2). Die Aussteuer fällt dagegen, gleichgültig, ob sie der Tochter vor oder nach dem Eheschlusse zugewendet wird, in das Gesamtgut beider Ehegatten (§§ 1549, 1438), es sei denn, daß sie durch Ehevertrag beider Ehegatten für eingebrachtes Gut oder Vorbehaltsgut der Ehefrau erklärt wird (§§ 1553 Nr. 1, 1440, 1441, 1555, 1526) oder der Aussteuernde bei der Zuwendung eine den §§ 1553 Nr. 2, 1369 entsprechende Bestimmung getroffen hat. Im Wege der Surrogation als Gegenstand der Erfüllung des Aussteueranspruchs kann die Aussteuer nicht eingebrachtes Gut werden, weil der Erwerb an Stelle eines Gegenstands tritt, der nur deshalb eingebrachtes Gut ist, weil er nicht durch Rechtsgeschäft übertragen werden kann (§ 1554 Satz 2). Die Aussteuer haftet als Teil des Gesamtguts für die Gesamtgutsverbindlichkeiten des Mannes und der Frau nach Maßgabe der §§ 1530 ff., 1549. Im übrigen richten sich die Befugnis zur Verfügung über Aussteuersachen und die sonstigen Rechte der Frau und des Mannes nach den für die allgemeine Gütergemeinschaft geltenden Bestimmungen (§ 1519 Abs. 2).

Im Güterstande der Gütertrennung endlich steht dem Manne weder an der Aussteuer noch am Aussteueranspruch irgend welches Recht zu. Denn die Ehefrau hat in vermögensrechtlicher Beziehung im wesentlichen die Stellung einer unverheirateten Frau. Dem Manne fehlt jedes Recht der Einwirkung auf das Vermögen der Frau.

§ 15.

b) Die gerichtliche Geltendmachung des Aussteueranspruchs.

I. Aktiv legitimiert zur Geltendmachung des Aussteueranspruchs ist als materiell Berechtigte lediglich die Ehefrau. Solange die Ehe besteht, zeigt sich jedoch der Einfluß des Rechtes des Mannes auch bei der gerichtlichen Geltendmachung des Anspruchs. Was den Fall des gesetzlichen Güterrechts anbelangt, so kann die Ehefrau den Aussteueranspruch als ein zum eingebrachten Gute gehöriges Recht im Wege der Klage nur mit Zustimmung des Ehemannes geltend machen (§ 1400 Abs. 2). Erhebt die Ehefrau die Klage ohne ehemännliche Genehmigung, so fehlt ihr die Aktivlegitimation, die Zustimmung des Ehemannes zur Klagerhebung ist eine von Amts wegen zu berücksichtigende Prozeßvoraussetzung (Mot. IV S. 232). Die Zustimmung des Mannes ist jedoch entbehrlich, wenn der Mann durch Krankheit oder Abwesenheit an der Abgabe der Zustimmungserklärung verhindert und mit dem Aufschube der Klage Gefahr verbunden ist (§ 1401). Die Zustimmung braucht nicht gegenüber dem Prozeßgegner erklärt zu werden, es genügt die Erklärung gegenüber der Frau. Die Zustimmung kann sich in konkludenten Handlungen (z. B. durch Auftreten des Ehemannes als Beistand der Ehefrau, § 90 CPO.) äußern. Gehört im gesetzlichen Güterrecht der Aussteueranspruch zum Vorbehaltsgute der Ehefrau (§ 1368), so kann die Ehefrau den Rechtsstreit, in dem sie den Anspruch verfolgt, auch ohne ehemännliche Genehmigung führen. In Ansehung des eingebrachten Gutes ist das in solchem Prozeß ergehende Urteil dem Manne gegenüber unwirksam, dieser muß jedoch die Vollstreckung aus dem Urteil ins eingebrachte Gut, da sie nur wegen Prozeßkostenforderung denkbar ist, dulden (§ 1412 Abs. 2; vgl. § 739 CPO). Auch im Güterstande der allgemeinen Gütergemeinschaft (§§ 1439, 1525 Abs. 2), der Errungenschaftsgemeinschaft (§§ 1522, 1525 Abs. 2) und der Fahrnisgemeinschaft (§§ 1552, 1550 Abs. 2, 1525 Abs. 2) bedarf die Ehefrau zur Geltendmachung des Aussteueranspruchs im Wege der Klage der Zustimmung des Ehemannes (§ 1400 Abs. 2). Vollkommen selbständig und vom Manne unabhängig kann die

Ehefrau den Aussteueranspruch nur geltend machen, wenn sie in Gütertrennung lebt.

Die Prozeßfähigkeit der Ehefrau bleibt durch die vorerwähnten zivilrechtlichen Beschränkungen unberührt. Prozeßfähig muß die Ehefrau jedenfalls sein, wenn sie die Aussteuerklage erheben will. Ist sie minderjährig und ist der gesetzliche Vertreter gleichzeitig der in Anspruch Genommene, so steht ihm wegen der Interessenkollision für diesen Fall die Vertretungsmacht nicht zu (§§ 1630 Abs. 2, 1795 Abs. 2, 181, s. Planck, Erl. 7 zu § 1796). Das nach §§ 36, 37 RGes. ü. d. freiw. Ger. als Vormundschaftsgericht zuständige Amtsgericht hat deshalb zur Führung des Rechtsstreits gegen den gesetzlichen Vertreter einen Pfleger zu bestellen (§ 1909). Die Bestellung erfolgt auf Ansuchen der minderjährigen Tochter oder auf Anzeige des Aussteuerpflichtigen nach § 1909 Abs. 2 (s. auch § 49 Ges. freiw. Gerichtsb.).[1] Ist die Ehefrau entmündigt und deshalb bevormundet (§ 1896), so wird sie bei der Geltendmachung des Aussteueranspruchs durch den Vormund, und sofern dieser (vgl. § 1899 Abs. 1, 2) zugleich Beklagter ist, durch einen Pfleger vertreten (§ 1909).

II. Die gerichtliche Geltendmachung des Aussteueranspruchs kann auch durch den Ehemann der Aussteuerberechtigten erfolgen.

Materiell steht dem Manne kein Recht auf Aussteuergewährung zu, seine familienrechtliche Stellung gibt ihm auch kein Recht, allgemein für die Frau handelnd aufzutreten, er ist nicht gesetzlicher Vertreter der Ehefrau. Der Ansicht Plancks (Erl. 2 zu § 1620), daß der Mann im Güterstande der allgemeinen Gütergemeinschaft den Aussteueranspruch nur allein und in eignem Namen geltend machen könne, kann nicht beigetreten werden (s. § 1439 und oben § 14 unter II). Wohl aber könnte der Ehe-

[1] Wird das Verlangen der minderjährigen Tochter, ihr einen Pfleger zu bestellen, abgelehnt, so ist in der Literatur streitig, ob sie ihr Beschwerderecht gegen diese Verfügung (§ 57 Nr. 3 RGes. Freiw.Ger.) ausnahmsweise auch ohne Mitwirkung des gesetzlichen Vertreters ausüben kann (§ 59 a. a. O.). Birkenbihl (Komm. z. RGes. Freiw. Ger., Erl. 1 zu § 59) bejaht die Frage, da es sich bei Anordnung der Pflegschaft um eine gleichzeitig die Person und das Vermögen betreffende Angelegenheit der Minderjährigen handele (A. M. wohl Oberstes LG. München, R. d. OLG. 1, 76).

mann in Prozeßvollmacht der Ehefrau als der Prozeßpartei den Aussteueranspruch geltend machen. Das in diesem Rechtsstreite ergehende Urteil würde gegenüber beiden Ehegatten auch in Ansehung des eingebrachten Gutes wirksam sein, da der Ehemann durch die Übernahme der Prozeßführung seine Zustimmung zur klagweisen Geltendmachung des Anspruchs durch die Ehefrau (§ 1400 Abs. 1) zum Ausdruck bringt.

Dem Ehemann steht ferner in allen Güterrechten mit Ausnahme nur der Gütertrennung die eigenartige Befugnis zu, den ihm nicht zustehenden Aussteueranspruch auf Grund seines Verwaltungsrechts in eignem Namen gerichtlich geltend zu machen (ebenso auch OLG. Köln, R. d. OLG. Bd. IV S. 105). Für das gesetzliche Güterrecht ergibt sich dies aus § 1380, entsprechende Anwendung dieser Bestimmung ist für die übrigen Güterrechte vorgeschrieben (§§ 1439, 1522, 1552, 1550 Abs. 2 verbunden mit § 1525 Abs. 2). Der Mann ist in dem auf Grund seines im § 1380 aufgestellten Rechts geführten Prozesse Partei, ihm ist die Vollstreckungsklausel (§ 723 CPO.) zu erteilen. Im § 1380 ist jedoch dem Manne lediglich das Recht der gerichtlichen Geltendmachung eingeräumt, das Recht, über den Anspruch zu verfügen, steht dem Manne weder auf Grund § 1380, noch auf Grund anderer Bestimmungen zu. Er kann deshalb eine Erfüllungsleistung nicht entgegennehmen und Prozeßhandlungen, die eine Verfügung über den Anspruch enthalten würden, nicht vornehmen. Der Klagantrag des Mannes muß auf Verurteilung des Beklagten zur Gewährung der Aussteuer an die Ehefrau lauten (so auch Herr, Iherings Jahrb. 46 S. 241) — in dem Antrage liegt dann gleichzeitig die Zustimmung des Mannes zur Annahme der Leistung durch die Ehefrau — oder wie Planck (Erl. zu § 1380) und die Mehrzahl der Schriftsteller meinen, auf Verurteilung zur Leistung an den Mann unter Zustimmung der Frau, oder endlich auf Verurteilung zur Leistung an beide (Neumann S. 766, Recht VII S. 606); nicht aber darf der Klagantrag auf Verurteilung zur Leistung an den Ehemann allein lauten (so Ullmann, Civ.Arch. 91 S. 392). Denn die Annahme der Aussteuer enthält eine Verfügung über eingebrachtes Gut, zu deren Vornahme der Ehemann der Zustimmung der Frau bedarf (arg. §§ 1376, 1378). Das

Klagerecht des Ehemannes auf Grund § 1380 ist von der Zustimmung der Ehefrau unabhängig (a. M. OLG. Dresden, Sächs. Arch. Bd. X S. 496). Irrelevant ist auch, ob die Frau zur Klage des Ehemanns auf Aussteuergewährung tatsächlich ihre Einwilligung erteilt hat oder nicht (PLANCK, Erl. zu § 1380, HERR a. a. O. S. 260 ff.)[1] Das vom Ehemanne erlangte Urteil ist weder für, noch gegen die Ehefrau wirksam (arg. e contr. aus § 1380 Satz 2). Ausgeschlossen ist, daß die Frau durch ihre nachträgliche Zustimmung dem vom Manne erstrittenen Urteile Rechtskraft auch sich gegenüber (zu ihren Gunsten) verleiht. Will die Ehefrau den Aussteueranspruch später persönlich geltend machen, so kann ihr die Einrede der Rechtshängigkeit oder der rechtskräftig entschiedenen Sache nicht entgegengestellt werden.

§ 16.

IV. Die Gewährleistungspflicht des Aussteuerpflichtigen.

I. Hat der Aussteuerpflichtige nicht, wie es ihm freigestanden hätte, die Aussteuerpflicht durch Zahlung einer bestimmten Geldsumme erfüllt, sondern die erforderlichen Aussteuersachen in natura geleistet, so kann die in der Literatur des BGB. bis jetzt noch nicht eingehender behandelte Frage der Haftung des Aussteuernden für Fehler und Mängel der Sachen im Rechte praktisch werden. Das BGB. entscheidet die Frage nicht (über das bisherige Recht s. Mot. IV S. 719). Zwar enthält es im § 1624 Abs. 2 Vorschriften über die Gewährleistungspflicht, doch betreffen diese nur die Gewährleistungspflicht des Ausstattenden, nicht auch die des Aussteuer-

[1] In der Literatur (HERR a. a. O. S. 229 ff., HAAS, GRUCHOTS Beiträge 45 S. 29 ff.) wird die Meinung vertreten, daß die Zustimmung der Ehefrau zur Geltendmachung eines zum eingebrachten Gute gehörenden Rechts durch den Mann insoweit von Bedeutung sei, als die Zustimmung sich auf Verfügungen erstrecke. Habe die Ehefrau einer Verfügung über den geltend zu machenden Anspruch, z. B. der selbständigen Einziehung zugestimmt, so sei der Ehemann befugt, auf Leistung an sich persönlich zu klagen, wenn er die Zustimmung der Frau im Prozeß behaupte und beweise.

pflichtigen, denn § 1624 Abs. 2 bezieht sich nur auf § 1624 Abs. 1 und will nur der besonderen Natur der Ausstattungsschuld als einer bloß moralischen Verpflichtung gerecht werden (s. auch Mot. IV S. 720). Obwohl die Aussteuer als Art der Ausstattung zu behandeln ist, würde doch die Anwendung des § 1624 Abs. 2 auf die Aussteuerverpflichtung dem Wesen des Aussteuerinstituts widersprechen, denn der Aussteuerpflichtige, der mit seiner Leistung die Befreiung von einer rechtlichen Verpflichtung und die Erfüllung eines Rechtsanspruchs bezweckt, darf nicht nur wie ein Schenker haften. Aus § 1624 Abs. 2 läßt sich viel eher schließen, daß der Aussteuerpflichtige einer strengeren Haftung als der Ausstattende unterliegt.

Allgemeine Vorschriften über die Gewährleistungspflicht bei Veräußerung von Sachen, wie sie z. B. das Sächs. BGB. enthielt (s. dort §§ 899 ff., 947 ff.), fehlen im BGB. Dieses behandelt die Gewährleistungsfragen bei den einzelnen Schuldverhältnissen und bei jedem naturgemäß verschieden. Die ursprünglich im Entwurf I in den §§ 370—380 und §§ 381—411 vorgesehenen allgemeinen Vorschriften über die Gewährleistungspflicht bei Verträgen wurden später fallen gelassen, da man beschlossen hatte, die Gewährleistungspflicht zunächst nur beim Kaufe eingehender zu regeln (s. auch jetzt §§ 445, 493). In Ermangelung unmittelbar oder im Wege der Analogie anwendbarer allgemeiner Bestimmungen könnten auch Spezialvorschriften für eine analoge Anwendung auf die Aussteuerpflicht in Betracht kommen. Vorschriften über die Gewährleistungspflicht enthält das BGB. in den §§ 433 ff., 459 ff. (beim Kauf), 521, 523 ff. (bei der Schenkung), 365 (bei der Leistung an Erfüllungsstatt), 757 (bei der Aufhebung der Gemeinschaft), 2182, 2183 (im Vermächtnisrecht). Aus den schon angedeuteten Gründen muß einerseits die Haftung des Aussteuerpflichtigen strenger sein als die des Schenkers, andererseits darf sie der des Verkäufers nicht gleich kommen, denn die strenge Haftung des Verkäufers beruht darauf, daß die Kaufsache auf Grund gegenseitigen Vertrags gegen Entgelt veräußert wird. Nicht konsequent erscheint es, wenn im sächsischen Rechte der Aussteuerpflichtige, obwohl er zur Aussteuergewährung rechtlich verpflichtet ist (Sächs. BGB. § 1661), gleich dem Schenker (Sächs. BGB. § 1055) wegen verborgener Mängel und Eviktion nur gewährleistungspflichtig ist, sofern er sich hierzu ausdrücklich verpflichtet oder sich einer absichtlichen Benachteiligung schuldig gemacht hat (Sächs. BGB. § 949, Mot. IV, 719). Für das heutige Recht wenigstens ist maßgebend, daß der Berechtigte nach dem Inhalte des Schuldverhältnisses unter allen Umständen die Leistung fehlerfreier Sachen verlangen kann und deshalb dem Verpflichteten nicht die Möglichkeit gegeben sein darf, sich von der Aussteuerschuld durch Leistung mangelhafter oder mit den Rechten Dritter belasteter Sachen zu befreien (s. hierzu auch §§ 242, 243, oben § 9). Andererseits geht es zu weit, auf die Aussteuergewährung die allgemeinen Grundsätze über die Gewährleistungspflicht bei onerosen Verträgen anzuwenden, wie dies im Preußischen Recht (ALR. I 5 §§ 518 ff., I 11 §§ 1047, 1048) und nach dem Code civil (art. 1440, 1547) geschah (Mot. IV, 719). Denn, wie schon bemerkt, stellt sich die Aussteuerpflicht als eine einseitige unentgeltliche Verpflichtung dar, welche — wenigstens im heutigen Recht — mit der Verpflichtung aus einem gegenseitigen entgeltlichen Vertrage nicht auf eine Stufe gestellt werden kann. Die Anwendung der Kaufrechtssätze kann deshalb nicht, wie dies STAUDINGER (Erl. 5[d] zu § 1620) tut, auf §§ 445, 493 gestützt werden.[1] Von den Kaufrechtsgrundsätzen, die für das BGB. gleichzeitig als die allgemeinen Grundsätze anzusehen sind, würden sich viele ohne weiteres als unanwendbar erweisen. Zweifellos könnte z. B. das im § 462 dem Käufer zustehende Recht der Wandelung und Minderung als ein rein im Wesen des Kaufvertrags begründetes Recht dem Aussteuerempfänger nicht zukommen. Auch die Anwendung des § 440 Abs. 1 wäre ausgeschlossen. Schon dies ist ein deutlicher Beweis, daß die Kaufsgrundsätze nicht zur analogen, geschweige denn zur direkten Anwendung herangezogen werden können.

---

[1] Sind Aussteuersachen als Erfüllung eines rechtsgeschäftlichen Aussteuerversprechens der Eltern oder eines Dritten, das sich als Gegenleistung für die Eingehung der Ehe darstellt, gewährt worden, so würde die Gewährleistungspflicht des Zuwendenden sich nach den Kaufsgrundsätzen bestimmen (arg. §§ 445, 493), denn ein derartiges Rechtsgeschäft würde als gegenseitiger entgeltlicher Vertrag zu behandeln sein (LANDSBERG S. 18 ff., oben § 9 Anm. S. 58).

II. Von den oben erwähnten Gesetzesbestimmungen bieten nur die in §§ 2182 Abs. 1 und 2183 enthaltenen Vorschriften über die Gewährleistungspflicht beim Gattungsvermächtnis die Möglichkeit einer entsprechenden Anwendung (ebenso KNITZSCHKY S. 95). Der sich unmittelbar auf das Gesetz (§ 2174) gründenden, nur von der Vermächtnisanordnung abhängigen Verpflichtung des mit einem Vermächtnisse Beschwerten, dem Bedachten das Vermächtnis zu entrichten, gleicht die Verpflichtung des Vaters, die Tochter bei ihrer Verheiratung auszusteuern, weit eher als etwa der Verpflichtung des Verkäufers, die Kaufsache zu leisten. Denn in beiden Fällen handelt es sich um gesetzliche, nicht durch Rechtsgeschäft begründete, ferner um einseitige, nicht aus gegenseitigen Verträgen sich ergebende Verpflichtungen zu einer unentgeltlichen Leistung; in beiden Fällen ist eine Gattungsschuld zu erfüllen. Die in den §§ 2182 Abs. 1 und 2183 enthaltenen Bestimmungen entsprechen auch durchaus den Bedürfnissen des Aussteuerempfängers und dem Wesen und Inhalt der Aussteuerschuld, sodaß also die Voraussetzungen für eine analoge Anwendung gegeben sind. Im einzelnen gestaltet sich die Haftung des Aussteuerpflichtigen entsprechend den Bestimmungen der §§ 2182, 2183 folgendermaßen.

1. Die Haftung für Mängel im Rechte bestimmt sich nach § 2182 Abs. 1, § 440 Abs. 2 bis 4. Der Aussteuerpflichtige hat an den Aussteuersachen Besitz und Eigentum zu übertragen (§ 2182 Abs. 1, § 433 Abs. 1, siehe übrigens oben § 9), er hat der Tochter die Aussteuersachen frei von dinglichen oder obligatorischen Rechten, die von Dritten gegen die Tochter geltend gemacht werden könnten, zu verschaffen (§ 2182 Abs. 1, § 434). Erfüllt der Aussteuerpflichtige diese Verpflichtungen nicht, so ist er unter den Voraussetzungen des § 440 Abs. 2 bis 4 zum Schadensersatze verpflichtet. Gewährleistung würde die Tochter auch beanspruchen können, wenn sie, obwohl sie gegen Ansprüche Dritter nach den Vorschriften zu Gunsten derjenigen, die Rechte von einem Nichtberechtigten herleiten (s. §§ 932 ff.), geschützt war, die Aussteuer an einen Dritten nach § 816 Abs. 1 Satz 2 herausgeben mußte. Die Beweislast für Mängel im Rechte trifft nach §§ 442, 2182 Abs. 1 die Tochter. Entsprechend sind auch die §§ 443, 444 anzuwenden.

2. Sind die geleisteten Aussteuersachen mit Fehlern behaftet, so kann die Tochter Leistung mangelfreier Sachen (§ 2183 Satz 1) und wahlweise auch Schadensersatz wegen Nichterfüllung verlangen, wenn der Aussteuerpflichtige ihr Fehler der Sachen arglistig verschwiegen hat (§ 2183 Satz 2, im Resultate gleich Spahn S. 69). Auf diese beiden Ansprüche finden die Grundsätze des Kaufrechts entsprechende Anwendung (§ 2183 Satz 3), soweit sich nicht daraus, daß diese eine erfolgte Gegenleistung voraussetzen, ein anderes ergibt (Mot. V, 197). Sind nur einzelne Aussteuersachen mangelhaft, so kann das Recht, eine mangelfreie Sache oder Schadensersatz zu verlangen, nur hinsichtlich dieser Sachen ausgeübt werden, außer wenn die mangelhaften Sachen zu anderen Sachen gehören, von denen sie nicht ohne Nachteil getrennt werden können (arg. § 469). Die Fehler der mangelhaften Sachen müssen bestimmt geartet sein (siehe § 459). Der Aussteuerempfänger, der in Kenntnis der Mängel die Sachen vorbehaltlos annimmt, geht seines Gewährleistungsrechts verlustig (§§ 460 Satz 1, 464); ist dem Aussteuerempfänger infolge grober Fahrlässigkeit ein Mangel unbekannt geblieben, so haftet der Zuwendende nur bei arglistiger Verschweigung des Fehlers, sofern er nicht die Abwesenheit des Fehlers zugesichert hat (arg. § 460 Satz 2). Der Erlaß oder die Beschränkung der Haftung des Aussteuernden ist nichtig, falls der Aussteuernde einen Mangel arglistig verschweigt (arg. § 476). Das nach § 2183 Satz 1 und Satz 2 dem Aussteuerempfänger zustehende Wahlrecht (facultas alternativa) ist ausgeübt, wenn sich der Aussteuernde auf Verlangen des Aussteuerempfängers mit der einen oder der andern Leistung einverstanden erklärt oder wenn er zu einer der beiden Leistungen rechtskräftig verurteilt ist (arg. § 465). Die beiden Ansprüche verjähren in 6 Monaten von der Ablieferung der Sachen an (arg. 477), im Falle der arglistigen Verschweigung von Mängeln in 30 Jahren (§ 195).

III. Zweifel darüber, welche Gewährleistungspflicht den Aussteuernden trifft, entstehen dann, wenn der Aussteuerpflichtige eine das angemessene Maß übersteigende und insoweit als Ausstattung oder Schenkung aufzufassende Aussteuer gewährt hat. In solchem Falle wird es oft nicht möglich sein, von der einheitlichen Zuwendung die rechtlich geschuldete Aussteuerleistung abzutrennen, vor allem dann, wenn die Zuwendung lediglich wegen des Wertes und der Kostbarkeit der einzelnen Sachen, nicht etwa wegen der Zahl und Menge der geleisteten Sachen das für die Aussteuer angemessene Maß überschreitet. Sofern eine Ausscheidung der rechtlich nicht geschuldeten Sachen aus der Zuwendung unmöglich ist oder nicht in Frage kommen kann, insbesondere dann, wenn die Übermäßigkeit der Aussteuer ihren Grund lediglich in der Zuwendung wertvoller statt einfacher Aussteuersachen hat, wird die Gewährleistungspflicht sich hinsichtlich sämtlicher Sachen im Interesse der Tochter wohl nach den strengeren Grundsätzen richten müssen, da jedenfalls, soweit die Aussteuerpflicht bestand, die für diese geltenden Grundsätze zur Anwendung kommen müssen (a. M. anscheinend Cosack, Lehrb. § 140 Nr. 2 Bd. I S. 497). Der Gewährleistungsanspruch der Tochter darf dadurch nicht beeinträchtigt werden, daß an Stelle der geschuldeten einfacheren Aussteuersache eine zwar wertvollere, dagegen aber mangelhafte Sache gewährt wird. Soweit sich hingegen feststellen läßt, daß eine mangelhafte Sache nicht zur rechtlich geschuldeten Aussteuerleistung gehört, würden allerdings hinsichtlich dieser Sache die Vorschriften des § 1624 Abs. 2 und die Schenkungsgrundsätze anwendbar sein.

Literatur.

Annalen des Königlich Sächsischen Oberappellationsgerichts Dresden.

Annalen des Königlich Sächsischen Oberlandesgerichts Dresden.

Barazetti, Eltern- und Kindesrecht nach code Napoléon und Badischem Landrecht, Hannover 1896.

Blätter für Rechtspflege im Bezirke des Kammergerichts.

Bolze, Rechtsprechung des Reichsgerichts in Civilsachen.

Brettner, Zur Aussteuer, Recht 1900 S. 225 ff.

Centralblatt für die freiwillige Gerichtsbarkeit (herausgegeben von Lobe).

Cosack, Lehrbuch des Bürgerlichen Rechts, 3. Auflage.

David, In welchem Zeitpunkte entsteht der Aussteueranspruch? Recht 1901 S. 533 ff.

Dernburg, Deutsches Familienrecht, Bd. IV des Lehrbuchs des Bürgerlichen Rechts, Halle 1903.

Eck-Leonhard, Vorträge über das BGB., Berlin 1904.

Endemann, Lehrbuch des Bürgerlichen Rechts, 3. bis 5. Auflage.

Entscheidungen des Reichsgerichts in Civilsachen.

Fischer-Henle, Handausgabe des Bürgerlichen Gesetzbuchs, 6. Auflage 1904.

Franke, Zur Aussteuer, Recht 1901 S. 587.

Fränkel, Familienrecht des Bürgerlichen Gesetzbuchs, Hannover 1899.

Gaupp-Stein, Kommentar zur Civilprozeßordnung, 4. Auflage.

Gruchots Beiträge zur Erläuterung des Deutschen Rechts.

Grützmann, Sächsisches Privatrecht, Leipzig 1887/89.

Hallbauer, Verwandtenrecht, Leipzig 1900.

Haas, Gerichtliche Geltendmachung der zum eingebrachten Gute und der zum Gesamtgute gehörigen Rechte gegen Dritte, bei Gruchot, 45. Jahrgang, S. 29 ff.

Herr, Gerichtliche Geltendmachung einer zum Eingebrachten gehörenden Forderung durch den Ehemann. Iherings Jahrbücher Bd. 46 S. 229 ff.

Heusler, Institutionen des deutschen Privatrechts, 2 Bde., Leipzig 1885/86.

Hoffmann, Kommentar zum Sächsischen Bürgerlichen Gesetzbuch und Neuere Entscheidungen zum Sächsischen Bürgerlichen Gesetzbuch.

Jäger, Kommentar zur Konkursordnung, 1902.

Juristische Monatsschrift für Posen, Ost- und Westpreußen.

Juristische Wochenschrift, Organ des deutschen Anwaltsvereins.
KNITZSCHKY, Rechtsverhältnisse zwischen Eltern und Kindern, Berlin 1899.
KUHLENBECK, Das Bürgerliche Gesetzbuch, 2 Bde.
LANDSBERG, Das Mitgiftversprechen, Juristische Monatsschrift für Posen 1903, Heft 2 und 1904 Heft 7 bis 9.
LEONHARD, Die Beweislast, Berlin 1904.
MANTEY, Zur Auslegung des § 1369 BGB., GRUCHOTS Beiträge Bd. 43 S. 833 ff.
MATTHIAS, Lehrbuch des Bürgerlichen Rechts, 2. Auflage.
NEUMANN, Handausgabe des Bürgerlichen Gesetzbuchs, 3. Auflage.
OPET, Das Verwandtschaftsrecht, Berlin 1899.
ÖRTMANN, Das Recht der Schuldverhältnisse, Berlin 1899.
ÖRTMANN, Das Besitzrecht des Ehemanns am Eingebrachten der Frau, IHERINGS Jahrbücher Bd. 44 S. 207.
PAPPENHEIM, Zurückbehaltungsrecht gegenüber unpfändbaren Forderungen, Deutsche Juristen-Zeitung VII S. 86 ff.
PETERSEN-ANGER, Kommentar zur Civilprozeßordnung, 4. Auflage.
PETERSEN-KLEINFELLER, Kommentar zur Konkursordnung, 4. Auflage.
PLANCK, Kommentar zum Bürgerlichen Gesetzbuch, 2. und 3. Auflage.
Rechtsprechung der Oberlandesgerichte (MUGDAN und FALKMANN).
Recht, Rundschau für den deutschen Juristenstand.
REHBEIN, Das Bürgerliche Gesetzbuch mit Erläuterungen Bd. I, II, Berlin 1899.
Sächsisches Archiv für Bürgerliches Recht und Prozeß.
SCHERER, Familienrecht des Bürgerlichen Gesetzbuchs, Erlangen 1900.
SCHOLLMEYER, Recht der Schuldverhältnisse, München 1900.
SCHRÖDER, Lehrbuch der deutschen Rechtsgeschichte, 3. Auflage.
SEUFFERT, Kommentar zur Civilprozeßordnung, 8. Auflage.
SEUFFERT, Deutsches Konkursprozeßrecht, Leipzig 1899.
SEUFFERTS Archiv für Entscheidungen der obersten Gerichte.
SIEBENHAAR, Kommentar zum Sächsischen Bürgerlichen Gesetzbuch, 2. Aufl.
SPAHN, Verwandtschaft und Vormundschaft nach Bürgerlichem Gesetzbuch, Berlin 1900.
SPRENGER, Feststellungs- und Leistungsklage auf Aussteuer, Archiv für civilistische Praxis, Bd. 92 S. 425 ff.
STAUDINGER, Kommentar zum Bürgerlichen Gesetzbuch, 2. Auflage.
STOBBE, Handbuch des deutschen Privatrechts, 3. Auflage.
STROHAL, Deutsches Erbrecht, 2. und 3. Auflage.
STROHAL, Sachbesitz nach Bürgerlichem Gesetzbuch, IHERINGS Jahrbücher Bd. 38 S. 1 ff.
SÜSSHEIM, Die Aussteuer im BGB., Archiv für civilistische Praxis, Bd. 89 S. 389 ff.
TÜRCKE, Über den Aussteueranspruch, Deutsche Juristen-Zeitung 1901 S. 409 ff.

ULLMANN, Zur Auslegung des § 1380 des Bürgerlichen Gesetzbuchs, Archiv für civilistische Praxis Bd. 91 S. 389.

WACH, Beweislast nach dem Bürgerlichen Gesetzbuch, Leipziger Dekanatsprogramm 1901 (Zeitschrift für Deutschen Civilprozeß Bd. 29 S. 359 ff.).

WENGLERS Archiv für civilrechtliche Entscheidungen der sächsischen Justizbehörden.

Zeitschrift für Rechtspflege und Verwaltung in Sachsen.

Zeitschrift für Deutsches Bürgerliches Recht und französisches Civilrecht.

Bericht der Reichstagskommission über den Entwurf eines BGB., Berlin 1896.

Entwurf eines Bürgerlichen Gesetzbuchs, I. Lesung und II. Lesung, Guttentag, 1895.

Entwurf eines Bürgerlichen Gesetzbuchs in der Fassung der Bundesratsvorlage, Berlin 1898.

Entwurf eines Bürgerlichen Gesetzbuchs in der Fassung der dem Reichstag gemachten Vorlagen, Berlin 1896.

Denkschrift zum Entwurf eines Bürgerlichen Gesetzbuchs.

Motive zum Entwurfe eines Bürgerlichen Gesetzbuchs, Amtliche Ausgabe, Berlin 1888.

Protokolle der Kommission für die II. Lesung des Entwurfs eines Bürgerlichen Gesetzbuchs, Berlin 1897.

Die ohne Beifügung eines Gesetzes zitierten Paragraphen sind in der Regel die des Deutschen Bürgerlichen Gesetzbuchs.

Die vorgenannten Bücher, Aufsätze, Zeitschriften und Präjudiziensammlungen sowie die Gesetzesmaterialien werden zum Zweck der Abkürzung meist nur mit dem Namen des Verfassers oder den in der Literatur gebräuchlichen Abkürzungen zitiert.

Druck von Metzger & Wittig in Leipzig

FSC
www.fsc.org
MIX
Papier | Fördert gute Waldnutzung
FSC® C083411

Kolibri 360 GmbH
Ferdinand-Jühlke-Straße 7
99095 Erfurt, Deutschland
produktsicherheit@kolibri360.de